insel taschenbuch 541

Bettina von Arnims

Armenbuch

Bettina von Arnims Armenbuch

Herausgegeben von Werner Vordtriede

Insel Verlag

insel taschenbuch 541
Erste Auflage der erweiterten Ausgabe 1981

Vertrieb durch den Suhrkamp Taschenbuch Verlag
Umschlag nach Entwürfen von Willy Fleckhaus
Satz: Fotosatz Otto Gutfreund, Darmstadt
Druck: Nomos Verlagsgesellschaft, Baden-Baden
Printed in Germany

Inhalt

I Bettina und Friedrich Wilhelm Schloeffel

Keines von Bettinas Büchern war, schon vor seinem Erscheinen, so berühmt wie ihr Armenbuch. In ganz Deutschland sprach man davon, die Freunde erkundigten sich eifrig nach dem Fortgang der Arbeit, Minister und Polizeibeamte belauerten Bettinen noch argwöhnischer als bisher. Man erwartete allgemein eine ungewöhnliche, mutige und höchst aktuelle Veröffentlichung.

Bettina war ja jetzt, im Jahre 1844, auf dem Höhepunkt ihres Ruhmes angelangt. Huldigende Bücher waren über sie erschienen; Daumer hatte ihren Goethe-Briefwechsel in Verse gebracht. Ihr Königsbuch aus dem Vorjahre ist noch Anfang 1844 Gegenstand von Zensuraktionen, als Adolf Stahrs Schrift »Bettina und ihr Königsbuch« im Februar verboten wird. Ihr jüngstes Buch »Clemens Brentanos Frühlingskranz« aus diesem Jahr verwickelt sie in die heftigsten Kämpfe mit der Zensur, angeblich, weil kein Verfassername auf dem Titelblatt stünde. Erst am 19. Juni, als Bettina sich schon in ganz andre und uneigennützige Dinge gestürzt hatte, wurde das Buch freigegeben. Bettina, die Träumereiche, die verschwenderisch ihr Leben dichtete, ist eine im öffentlichen Blickfeld stehende Persönlichkeit geworden. Sie kämpft gegen polizeiliche Bevormundung, für persönliche und politische Freiheit, gegen Not und Ungerechtigkeit, nicht weniger träumereich und verschwenderisch mit sich als vordem, da sie die Fülle ihrer Jugend ausbreitete. Die Zeitungskorrespondenzen beschäftigen sich oft mit ihr. »Was hast Du denn für einen Bekannten, der für die Magdeburger Zeitung Correspondenzartikel schreibt?« fragt Julius Döring am 10. Juni bei ihr an. »Er rühmt sich Deiner Bekanntschaft, eines Auftrages in Bezug auf Dein Armenbuch; er lobt Dich, er vertheidigt Dich – aber wie! – Er verdiente noch bei Lebzeiten als Urphilister in Spiritus aufbewahrt zu werden. – Ist Dein Armenbuch bald fertig?«[1] So keck und etwas eifersüchtig aufeinander sprachen die jungen Leute mit ihr. Man spürt so recht deren und Bettinas Hochgemutheit im neu entstehenden Gedränge.

Für die Öffentlichkeit begann Bettinas Beschäftigung mit den Vorbereitungen zum Armenbuch am 15. Mai 1844, als sie in allen großen Zeitungen Deutschlands, »in der Magdeburger, der Cölner Zeitung und in mehreren andern öffentlichen Blättern« (laut einer Zuschrift) einen mit Namen unterzeichneten Aufruf erließ, in dem sie ihre Absicht, die Ergebnisse ihrer Forschungen über das Armenwesen in Deutschland »in einem besonderen ausführlichen Werke der Öffentlichkeit zu übergeben«, bekanntmachte und zugleich dazu aufforderte, daß man ihr Mitteilungen über das Armenwesen in anderen Teilen Deutschlands mache. Sie erhielt daraufhin viele Zuschriften, die sich in ihrem Nachlaß bewahrt haben. Teilweise waren das Briefe aus Schlesien, aus Posen, ja aus Reutlingen in Württemberg (wo die Anzeige in der »Allgemeinen Zeitung« erschienen war). Manche mißverstanden auch den Aufruf und schrieben etwa mit der Anrede »Gnädigste Gräfin« herzzerreißende Bittbriefe. Bettina legte diese

1 Unveröffentlicht; Hs im Freien Deutschen Hochstift (im folgenden abgekürzt FDH).

Briefe zu ihrem Material, man begegnet ihrem Vermerk, daß sie zu den Armenpapieren gehören. Teilweise aber erhielt sie ausführliche Denkschriften, die von den Kommunalbeamten größerer Städte für sie ausgearbeitet wurden. Aus schlesischen Zeitungen werden ihr wichtige Artikel abgeschrieben, die sie zum Teil verwenden wollte. Darunter befindet sich auch der Brief vom 18. Juni mit dem Bericht über den Weberaufstand, der ja eben in diesen Tagen zu Ende ging. Darin wird auch der Fabrikant Zwanziger (der Dreißiger aus Hauptmanns »Webern«) erwähnt, »der ein wahrer Schinder, ein Blutsauger gewesen ist«. Bettina schrieb darunter »Unser Schuldbuch sei vernichtet ausgesöhnt die ganze Welt« und schickte sofort, am 22. Juni, eine Abschrift davon an Alexander von Humboldt.

Ihre Korrespondenz wird überwacht, Briefe, vor allem aus dem Ausland, an sie werden von der Polizei erbrochen. Wir haben dafür verschiedene Zeugnisse. Am 2. Juni 1844 schreibt Heinrich Bernhard Oppenheim, vorsichtig über eine dritte Person, an sie: »Daß die Briefe an Sie erbrochen werden, konnte ich mir leicht denken, da ich mit meiner Hannovrischen, und früher mit meiner Leipziger Correspondenz viel Ähnliches erfahren habe, und Anderen es eben so ging mit ihren Verbindungen nach Paris mit Ruge und Marx. ... Welch ein peinliches Gefühl, sich von solch einem Polizei-Schlucker belauscht zu wissen.«[2] Oppenheim, aus der befreundeten Frankfurter Familie, war einer von Bettinas Vertrauten in ihren politischen Kämpfen. Er war damals fünfundzwanzig Jahre alt und war Privatdozent in Heidelberg für Staatswissenschaften und

2 Unveröffentlicht; Hs im FDH

Völkerrecht. Er gab dann später seine Lehrtätigkeit auf und wandte sich als Publizist ganz den politischen Tagesfragen zu. Im März 1848 wurde er zusammen mit A. Ruge und Meyen Hauptredakteur der Berliner Zeitung »Die Reform. Organ der demokratischen Partei« (wenige Monate später »Organ der Linken der Nationalversammlung« umbenannt), zu deren Mitarbeitern Bakunin, Heinzen und Herwegh zählten. In den siebziger Jahren wurde Oppenheim Mitglied der nationalliberalen Partei und starb 1880.[3]
Durch diese Briefzensur wurde ein Jahr später eine Beziehung zunichte gemacht, die für die europäische Geistesgeschichte hätte bedeutsam werden müssen. Bettina hatte die französische Übersetzung ihres Goethe-Briefromans (von Hortense Cornu) an George Sand geschickt, die ihr am 18. März 1845 in einem langen Briefe dankte. Der Brief wurde aufgebrochen.

George Sand schrieb am 18. März 1845 an Bettina:

Madame. Rien ne pouvait être plus doux et plus flatteur pour moi qu'une lettre de vous. Si j'ai regretté, en lisant Goethe et Schiller, de ne pas savoir l'Allemand, j'ai porté aussi ce regret dans la lecture de votre admirable livre; et pourtant je l'ai senti et compris autant qu'il est donné à une Française de le faire. Je sais aussi combien vous méritez l'affection et je suis heureuse d'un témoignage de votre bienveillance sympathique.
Je me suis fait rendre compte et traduire à la lecture ces écrits de monsieur votre fils que vous avez bien voulu

3 Näheres über ihn in der ADB

m'envoyer. Témoignez-lui, je vous prie, Madame, mon estime et ma gratitude. Nous allons plus loin ici, dans nos aspirations, mais nous nous unissons de coeur à tous les efforts courageux et sincères qui tendent vers l'avenir. Si Goethe était en France à l'heure qu'il est (à l'âge, où il écrivit Wilhelm Meister) il serait, en fait d'idées socialistes, notre maître, comme il l'est et le sera toujours en fait d'art. La propriété a-t-il dit, est un bien commun et le commentaire de Juliette peut être entendu dans le sens que nous voulons et que nous aimons. Partout, dans les années de voyage de Wilhelm, on trouve l'essai des associations et l'idéal de l'égalité avec des formules et des moyens dont la plupart n'auraient pas vieilli si on voulait les appliquer. Il ne s'agirait que de substituer l'état, le principe social, à toutes ces grandes figures de bienfaiteurs excentriques qu'il a osé créer dans ce livre étrangement profond et hardi.

J'ai bien souvent éprouvé la tentation de faire sur ce livre un travail qui n'a jamais été essayé en France. On peut même dire que chez nous Wilhelm Meister est presque inconnu. Les artistes lisent avec transport la première partie, mais comme la seconde est écrite pour les philosophes, ceux-ci, croyant que ce n'est qu'une fantaisie romanesque, ne l'ont jamais examinée attentivement. Ce travail, je ne le ferai pourtant pas, à cause de mon ignorance de la langue allemande, et de l'obscurité de nos mauvaises traductions. Mais un tel travail serait digne de vous, Madame, et si les susceptibilités des gouvernements de votre pays s'opposaient à l'entière expression de votre pensée, la France l'accueillerait, j'en suis sûre, avec intérêt et avec fruit.

Pardonnez-moi cette longue lettre, je n'ai pu résister au désir de parler du plus grand des maîtres avec la personne, qui l'a peut-être le mieux compris. On a dit et écrit chez nous, tant de choses contradictoires sur son caractère privé, que je me suis longtemps abstenue de le juger sous ce point de vue. C'est dans ses oeuvres que j'ai voulu le connaître, et encore je le connais bien peu, à mon gré, à cause de cette terrible différence des langues. Agréez encore, Madame, mes remerciments et l'expression des entiments que je vous ai voués.

George Sand

Mit einigem bösen Willen konnte man in ihm gefährliche Tendenzen entdecken. Bettina hatte nämlich auch die Schrift ihres Sohnes Friedmund »Was ist Eigentum?« beigelegt, worauf George Sand erwidert: »Nous allons plus loin ici, dans nos aspirations.« Vor allem aber spricht sie über den »Wilhelm Meister«, aus dem sie den Satz »La propriété est un bien commun« heraushebt. Wäre Goethe jetzt in Frankreich, sagt sie, würde er »en fait d'idées socialistes« ebenso der Lehrmeister der Franzosen werden, wie er es in den Fragen der Kunst schon lange sei und immer sein werde. Sie hat als eine der wenigen in Frankreich auch die Wanderjahre gelesen und rühmt den Aufsatz darin über »l'idéal de l'égalité«. Zu gerne wollte sie eine Darstellung Goethes unter diesem Aspekt schreiben, aber da sie kein Deutsch könne, solle Bettina das nun übernehmen. Sollte sie damit Schwierigkeiten in Deutschland haben, würde Frankreich ein solches Werk mit offenen Armen empfangen[4].

4 Ludwig Geiger, Bettina von Arnim und Friedrich Wilhelm IV. Frankfurt 1902, S. 215

Diesen Brief wagte Bettina nicht zu beantworten, da er den Behörden bekanntgeworden und öffentlich besprochen worden war. Erst ein Jahr später, am 14. April 1846, bat sie Hortense Cornu, sie bei George Sand zu entschuldigen: »Si vous vouliez m'aider a me decharger d'une Supposition qui me pêse, ce serait de faire savoir a madame George Sand que la lettre dont elle m'a honorée l'année dernière, m'a été remise ouverte, et que c'est de ces bureaux de curiosité que sont derivées les malicieuses Insinuations dans les journeaux, et que c'est aussi pourqoui je n'ai point osé profiter de la permission de lui écrire, mais que je suis touchée de son affabilité pour moi.«[5] Bettina erklärte (in dem gleich mitzuteilenden Brief an den König vom 18. Juli 1845), was das für »Insinuationen« gewesen seien, indem sie zugleich die Verbindung zwischen ihren Plänen zum Armenbuch und diesen Vorgängen schlägt. Soweit also die öffentlichen Ausstrahlungen von Bettinas Absichten. In Wirklichkeit aber hatte sie sich lange vor dem 15. Mai mit diesen Fragen beschäftigt und ihr Buch vorbereitet. Eine erste Anregung dazu kam ihr von der Potsdamer Regierung selbst, die im Jahre 1842 eine mehrteilige Preisfrage zur Beantwortung stellte: ob die Klage über die zunehmende Armut begründet sei, was die Ursachen und Kennzeichen der Verarmung seien und durch welche Mittel einer zunehmenden Armut könne gesteuert werden. Wir werden sehen, daß ein großer Komplex von Bettinas Armenbuch direkt von der Beantwortung dieser Preisfrage ausgeht. Es ist die Zeit, in der sich die Auswirkungen der »indu-

5 Bettina von Arnims Briefwechsel mit Hortense Cornu. Mitget. von Otto Mallon. In: Euphorion 27, S. 399

strial revolution« durch die Einführung von Maschinen und die rasch erreichte englische Vormachtstellung in der Industrie stark bemerkbar machen. Allenthalben erscheinen Druckschriften, die sich mit diesen neuen sozialen und ökonomischen Fragen beschäftigen. Bettina besaß einige davon und legte sie zu ihren Armenpapieren. Da ist das »Sendschreiben an den verehrlichen Handwerkerstand Deutschlands über den Pauperismus« (Leipzig, 1845) und »Die Armuth und die Mittel ihr entgegen zu wirken von einem Manne aus dem Volke« (Leipzig, 1844), auf dessen Seite 38 man lesen kann: »Warten wir nicht auf das vielverheißende Buch der Frau Bettina Arnim. Dies kann uns keinen bessern Aufschluß über den Zustand unserer Armen geben, als wir diesen durch eigenes Schauen gewinnen können.« Man sieht, daß es auch nicht-offizielle Widerstände gegen diese adlige Dame gab, die sich hier auf ein Gebiet begeben will, von dem sie nichts versteht. – Pauperismus und Industrialismus sind die neugeprägten Worte, die jetzt in Umlauf kommen.
Bettina tritt in Verbindung mit einer Reihe junger Leute, wie Oppenheim und Rudolf Baier, die in jenen Jahren radikale Gesinnungen haben. Ihr Sohn Friedmund schrieb unter dem Eindruck dieser Gedanken und Gespräche seine erste politische Schrift »Was ist Eigentum?«, die 1843 im Arnimschen Verlag erschien. Es war ein wirres, weltfremdes Werkchen. Oppenheim schreibt am 16. Januar 1844 darüber an Bettina. Die von Friedmund erbetene Rezension der Schrift lehnt er ab, »weil ich sie gewissenhafter Weise weder empfehlen konnte, noch zu widerlegen brauchte«. Er findet, daß die Gedanken bald vom Gegenstand abirren. Er schickt

dann allerdings am 1. Mai 1844 doch eine Besprechung an Friedmund selbst, die äußerst kritisch gewesen zu sein scheint. Er schlägt vor, sie in Ebertys »Zeitschrift für volksthümliches Recht und nationale Gesetzgebung« in Halle einrücken zu lassen, nennt dabei aber Friedmund »einen politischen Metaphysiker«, den er, als »Parteiglied«, als einen Träumer ablehnen muß[6].

Aber Bettina selber hatte ja schon im Anhang zu ihrem Königsbuch eine Schilderung des Armenelends im Berliner Vogtlande gegeben. Dieser Beitrag des mit Bettina befreundeten Schweizers Heinrich Grunholzer beschreibt die einzelnen Fälle mit Namen, Hausnummer und statistischen Angaben, aber in erzählender Form.

Anfang des Jahres 1844 hörte sie dann von dem schlesischen Fabrikanten Friedrich Wilhelm Schloeffel, der sich für eine Verbesserung der Zustände unter den armen Webern einsetzte. Anfang März schrieb sie ihm mit der Bitte um genauere Angaben. Schloeffel war sofort bereit und stellte am 10. März in Eichberg bei Hirschberg eine Liste mit statistischen Angaben über 92 Arme auf. Sie füllt 22 große beiderseitig beschriebene Blätter. Die meisten Fälle werden kurz dargestellt, in dieser Art:

Aus Schloeffels Liste vom März 1844

1. Johann Gottlob Hornig in Maiwaldau, 48 Jahr alt, evangelisch, verheiratet und Vater von zwei Kindern, bewohnt mit einer anderen Partei gemeinschaftlich eine

6 Beide Briefe unveröffentlicht; Hss im FDH

Stube gegen jährlich 4 Rthlr Mietzins. Während der Sommermonate verrichtet Hornig Feldarbeit gegen 2 Sgr 6 Pfg täglichen Lohn und Kost.
Von Michaelis bis Ostern spinnt derselbe mit seiner Familie wöchentlich 3 Stück oder 12 Strähne Garn, welche a 2 Sgr eine Brutto-Einnahme von 24 Sgr geben. Davon gehen ab Auslagen für 8 Pf. Flachs, welcher in dem wechselnden Preise von 2, 2¼ und 2½ Sgr a Pf. bezahlt wird, im Durchschnittspreise zu 2¼ Sgr berechnet, 18 Sgr erfordert. Es bleiben mithin an 12 Strähnen Gespinst 6 Sgr reiner Gewinn, und tritt diesem noch das von Zurichtung erhaltene 1 Pf. Werg mit 1 Sgr hinzu, verbleiben der Familie wöchentlich 7 Sgr.
Wenn nun der Familienvater und dessen Glieder im ganzen Jahre gesund und arbeitsfähig bleiben, so würde sich die Einnahme während den 6 Wintermonaten oder 26 Wochen a 7 Sgr stellen auf 6 Rthlr 2 Sgr.
Dagegen muß Hornig zahlen
a. Königliche Abgaben
Klassensteuer a 2½ Sgr monatlich – 1 Rthlr
b. Gemeinde Abgaben? –
Das vom Dominialbesitzer Grafen Emmo v. Schafgotsch durch dessen Amtmann geforderte Schutzgeld von 1 Rthlr jährlich, hat Hornig bisher standhaft zu zahlen sich geweigert, weshalb der Amtmann ihm die Arbeit gegen Tagelohn auf dem Dominio entzogen hat.

2. Johann Gottlob Keil in Maiwaldau, 56 Jahr alt, evangelisch, verheiratet, Vater von drei Kindern, Besitzer einer kleinen Gärtnerstelle von 4 Scheffel Aussaat, welche mit 103 Rthlr verschuldet ist. Das Haus ist von dem letzten Winde halb weggerissen worden.

Der Familienvater leidet seit 30 Jahren an Gicht in den Füßen. Keil zahlt jährlich

a. Königliche Abgaben

Klassensteuer	1 Rthlr	
Grundsteuer	1 Rthlr 22 Sgr	
b. Gemeindesteuer		27 Sgr 8 Pfg

c. Die Summe der Dominialabgaben konnte die Ehefrau nicht genau angeben, deshalb wurden dieselben hier nicht vermerkt.

3. Marie Rosine Menzel in Lomnitz, 48 Jahr alt, evangelisch, unverheiratet, bewohnt in Gemeinschaft mit einer anderen Partei ein Stübchen gegen 10 Sgr vierteljährlichen Mietzins, spinnt wegen Krankheit und schwachen Augenlichts wöchentlich nur 2 Strähne Mittelgarn mit einem Reingewinn von 1 Sgr.

4. Gottfried Beyer in Maiwaldau, 57 Jahr alt, evangelisch, unverheiratet, gelernter Müller, seit 5 Jahren durch Krankheit an schwerer Arbeit verhindert, spinnt wöchentlich 2 Strähne Mittelgarn, mit einem Reingewinn von 1 Sgr, welchen er als Mietzins abgeben muß.

5. Gottlob Daesler aus Maiwaldau, 42 Jahr alt, evangelisch, verheiratet, Vater von zwei Kindern, wohnt zur Miete gegen jährlichen Zins von 4 Rthlr, arbeitet in den Sommermonaten gegen 2½ Sgr täglichen Lohn und Kost, spinnt von Michaelis bis Ostern wöchentlich 6 Strähne mit 3 Sgr Reingewinn, und zahlt

Königliche Abgaben jährlich 1 Rthlr

monatlich 2½ Sgr Klassensteuer

6. Johanne Juliane Eifler in Maiwaldau, 33 Jahr alt, evangelisch, unverheiratet, Mutter eines 10jährigen Kindes, lebt mit ihrer 74 Jahre alten Mutter und einer anderen Familie in einem Stübchen gemeinschaftlich, bezahlt wöchentlich 1 Sgr 6 Pfg Mietzins, spinnt mit Mutter und dem Kinde wöchentlich 7 Strähne mit einem Reingewinn von 3 Sgr 6 Pfg. Das Garn muß wegen dem drückendsten Mangel strähnenweise sogleich an den Garnhändler verkauft werden.

7. Johanne Juliane Müller in Lomnitz, 61 Jahr alt, Wittfrau, evangelisch, wohnt zur Miete gegen 1 Sgr wöchentlichen Zins, spinnt wöchentlich 3 Strähne Mittelgarn mit 1 Sgr 6 Pfg Reingewinn.

8. Johanna Siegert in Maiwaldau, 70 Jahr alt, evangelisch, Wittfrau, wohnt mit der 30jährigen Tochter zur Miete gegen 20 Sgr vierteljährlichen Zins, spinnen wöchentlich 6 Strähne feines und grobes Garn mit 4½ Sgr Gewinn.

9. Juliane Opitz in Maiwaldau, 68 Jahre alt, evangelisch, Wittfrau, seit 28 Jahren taub, Mutter von drei Kindern, wohnt mit einer 39jährigen Tochter zur Miete gegen 20 Sgr vierteljährlichen Zins, spinnen wöchentlich 6 Strähne feines und Mittelgarn mit 4½ Sgr Gewinn.

10. Carl Sigismund Ullmann in Maiwaldau, 39 Jahre alt, evangelisch, verheiratet, Vater von drei Kindern, kaufte vor 8 Jahren ein Häuschen mit einem Scheffel Ackerland für 120 Rthlr, welches mit 60 Rthlr verschul-

det ist, ist noch im Reste der durch Ankauf des Grundstückes schuldigen Laudemien. Auf Verlangen der Grundherrschaft müssen alle Besitzer die Laudemien ablösen, das Ablösungskapital und bei älteren Besitzern unerschwingliche Nachzahlung von Renten, die häufig das Mehrfache vom Ablösungskapitale betragen, beschaffen.

Dies ist an und für sich in dem erschreckenden Notstande eine harte Aufgabe, sie wird indessen noch größer, wenn erwogen wird, daß die Grundstücke bei der Erbesüberlastung an Kinder laudemialfrei sind. Wenn die armen Besitzer zur Ablösung gezwungen werden, so geht denselben diese günstige Bestimmung verloren, und viele derselben sind bei Ermangelung von barem Gelde und Kredit in Gefahr, das Grundstück, ihre ganze Habe zu verlieren, wohin sich auch in schwerem Kummer Ullmann zählen muß.

Ullmann leidet an zwei Bruchschaden, kann deshalb nicht schwere Arbeiten verrichten, er spinnt wöchentlich 6 Strähn mit 4½ Sgr Gewinn, und zahlt

a. Königliche Abgaben jährlich		
Klassensteuer	1 Rthlr	
Grundsteuer		26 Sgr
b. Gemeindesteuer		19 Sgr
c. Dominialabgaben bar	5 Rthlr	
und 6 Hofetage in Arbeit.		

11. Gottlieb Maiwald in Maiwaldau, 60 Jahr alt, evangelisch, Vater von 4 Kindern, seit 8 Jahren im Besitz eines Häuschens, welches für 10 Rthlr erkauft wurde, ist 13 Rthlr für rückständige Zinsen an die Dominial-Kasse schuldig, welche auf das Häuschen eingetragen

worden. Die Familie hat bereits alle Kleider verkauft und den Erlös verzehren müssen.
Der Vater webt 100 Ellen Kattun gegen 1 Rthlr 15 Sgr Lohn, und arbeitet wegen Alter und Kränklichkeit 4 Wochen darüber. Frau und Kinder spinnen 3 Strähne Mittelgarn mit zwei Sgr wöchentlichem Gewinn. Sie zahlen jährlich

a. Königliche Abgaben		
Klassensteuer	1 Rthlr	
Grundsteuer		22 Sgr
b. Gemeindesteuer		15 Sgr 5 Pfg
c. Dominialabgaben	4 Rthlr	

12. Juliane Grimmig in Lomnitz, 66 Jahr alt, Wittfrau, evangelisch, bewohnt gegen 10 Sgr vierteljährlichen Zinsen mit fremden Personen ein Stübchen gemeinschaftlich, spinnt wöchentlich 4 Strähne Mittelgarn mit 2 Sgr Gewinn und ringt mit dem Hunger – weil sie sich zum Betteln nicht entschließen kann.

13. Benjamen Nährig in Lomnitz, 52 Jahr alt, evangelisch, Vater von 5 Kindern, besitzt mit 40 Rthlr erkauftes Häuschen, worauf 20 Rthlr Schulden haften; arbeitet im Sommer gegen 4 Sgr Tagelohn auf dem Dominio, spinnt im Winter 4 Strähn Garn wöchentlich mit 3 Sgr Gewinn, und zahlt jährlich

a. Königliche Abgaben		
Klassensteuer	1 Rthlr	
Grundsteuer		23 Sgr
b. Gemeindeabgaben		14 Sgr 5 Pfg
c. Dominialabgaben	4 Rthlr 5 Sgr	

inclus. der 12 Arbeitstage, welche ortsgerichtlich auf 2½ / p. Tag angeschlagen sind.

17. Ernst Fischer in Boberstein, 40 Jahr alt, evangelisch, verheiratet, Vater von 5 Kindern, besitzt ein mit 80 rx erkauftes Häuschen, welches vor 11 Jahren abbrannte, wobei er alle Habe verlor. Durch den Aufbau ist das Häuschen gänzlich verschuldet, der Besitzer wird wegen Nichtzahlung der Zinsen von den Gläubigern gedrängt.
Der Mann ist Schneider, spinnt aber wegen Mangel an Arbeit wöchentlich 6 Strähne Garn mit 3 Sgr Gewinn, und zählt jährlich

a. Königliche Abgaben		
Klassensteuer	1 Rthlr	
Grundsteuer		22 Sgr 6 Pfg
b. Gemeindesteuern		26 Sgr
c. Dominialabgaben	3 Rthlr	5 Sgr

18. Christian Gottlieb Graebel in Lomnitz, 73 Jahre alt, evangelisch, verheiratet, wohnt im Ausgedinge bei dem Sohne, spinnt wöchentlich 5 Strähne Garn mit 3 bis 4 Sgr Gewinn, und ist steuerfrei.

19. Franz Schaefer in Boberstein, 70 Jahre alt, katholisch, verheiratet, wohnt zur Miete gegen 3 Rthlr Mietzins, arbeitet während des Sommers im Walde mit ungleichem Lohne, spinnt im Winter mit seiner 71 Jahr alten Ehefrau wöchentlich 6 Strähne Garn mit 3 bis 4 Sgr Gewinn, und zahlt an
a. Königlichen Abgaben und
b. Gemeindesteuern wegen Armut und hohem Alter nichts, muß aber
c. an das Dominium, welches der Frau v. Rothkirch gehört, jährlich 1 Rthlr sogenanntes Schutzgeld zahlen.

20. Carl Hielscher in Lomnitz, 66 Jahre alt, evangelisch, verheiratet, besitzt ein für 30 Rthlr erkauftes Häuschen, worauf 11 Rthlr Schulden haften, spinnt mit seiner Ehefrau wöchentlich 4 Strähne Garn mit 2 Sgr Gewinn, und zahlt jährlich

a. Königliche Abgaben

Klassensteuer, nichts wegen des hohen Alters		
Grundsteuer		23 Sgr
b. Gemeindesteuern		14 Sgr 5 Pfg
c. an das Dominium	5 Rthlr	27 Sgr.

21. Johann Benjamen Klein in Lomnitz, 47 Jahre alt, evangelisch, verheiratet, Vater von 6 Kindern, besitzt ein für 55 Rthlr erkauftes Häuschen mit 25 Rthlr darauf haftenden Schulden, arbeitet in den Sommermonaten gegen 4 Sgr Tagelohn, spinnt im Winter mit Frau 6 Strähne Garn mit wöchentlich 3 Sgr Gewinn, und zahlt jährlich

a. Königliche Abgaben

Klassensteuer	1 Rthlr	
Grundsteuer		24 Sgr
b. Gemeindesteuern		14 Sgr 9 Pfg
c. Dominialabgaben bar	3 Rthlr	6 Sgr

und 6 Hofetage in Arbeit.

22. Christian Benjamen Reimann in Schildau, 48 Jahre alt, evangelisch, verheiratet, Vater von 5 Kindern, wovon das jüngste 2½ Jahr alt ist, besitzt ein für 70 Rthlr erkauftes Häuschen, arbeitet im Sommer gegen *drei und einen halben Silbergroschen* Tagelohn auf dem der Prinzessin Friedrich d. Niederlande Königl. Hoheit gehörigem Dominio, spinnt im Winter mit

Familie wöchentlich 10 Strähne Garn mit durchschnittlich 5 Sgr Gewinn, wovon 7 Menschen die ganze Woche sich ernähren und noch zahlen sollen
a. Königliche Abgaben
Klassensteuer 1 Rthlr/hat aber im letzten Jahre nur gezahlt 15 Sgr, der Rest blieb inexigibel/

Grundsteuer		24 Sgr
b. Gemeindesteuer		24 Sgr
c. an die Prinzliche Dominialkasse		
jährlichen Zins (Grund)	3 Rthlr	27 Sgr
Ablösungsrente	1 Rthlr	14 Sgr
und *Hofewächtergeld*		8 Sgr.

23. Carl Bittner in Lomnitz, 34 Jahre alt, evangelisch, verheiratet, Vater eines Kindes, wohnt zur Miete gegen 1 Rthlr vierteljährlichen Mietzins, arbeitet in den Sommermonaten gegen 4 Sgr Tagelohn, auf dem dem Königl. Preußischen Gesandten Herrn v. Küster gehörigen Dominio, spinnt im Winter mit seiner Ehefrau und dem 9jährigen Sohne 9 bis 10 Strähne Garn mit wöchentlich 5 Sgr Gewinn, und zahlt jährlich

a. Königliche Abgaben		
Klassensteuer	1 Rthlr	
b. Gemeindesteuer		7 Sgr 4 Pfg
c. an das Dominium		

jährlich sogenanntes Schutzgeld 1 Rthlr.
Im Weigerungsfalle soll er die Arbeit verlieren.

Am Schluß der Liste schreibt er: »Über vorstehende Aussagen habe ich mannigfaltige Erkundigungen bei Sachverständigen eingezogen, welche den geschilder-

ten Notstand als wahrheitsgemäß bestätigten. Den Abgabenpunkt habe ich größerer Sicherheit wegen, so weit ich vermochte,
in Maiwaldau durch den Abgabenerheber
in Schildau, Boberstein und Lomnitz durch die Orts-Schulzen feststellen lassen.
Die Liste habe ich geschlossen und die massenweise heranströmenden Armen, welche von meiner Tätigkeit Milderung ihres Notstandes hoffen, nachträglich abweisen müssen, weil ich mit Gegenwärtigem schon ein redendes Zeichen des Jammers gegeben zu haben vermeine. Möge Gott den Armen beistehen, indem er das Herz der Mächtigen ihnen zuwende.«
Dieser Liste fügte Schloeffel als Erläuterung eine »Denkschrift« bei. Sie besteht aus zwölf großen beiderseitig beschriebenen Blättern und beginnt mit den Worten: »Es wird genügen mit Anführung der in Anlage 1 angeführten einzelnen Beispiele ein Bild des unbeschreiblichen Elendes zu schaffen, wenn man sich in den auf industriellen Erwerb ausschließlich angewiesenen schlesischen Gebirgsbezirk, mehr als dreißig tausend solcher der Not verfallene Familien denkt.« Schloeffel weist dann darauf hin, daß die Not der Weber nicht neu sei und daß schon manches darüber erschienen ist, was er anführt. In diesem Augenblicke habe aber die Not einen »erschreckenden Höhepunkt« erreicht. Er rufe nun die »reichen Erdenbürger« zur Hilfe auf. Nun folgt eine systematische Untersuchung der Ursachen für die Verelendung, »wobei nur das Kriterium der Wahrheit in Betracht kommen darf«.
Noch im Jahre 1805 führte Schlesien für 10½ Millionen Reichstaler Leinwand aus. Dann drosselte die von

Napoleon verhängte Kontinentalsperre die Ausfuhr nach England und zwang England dadurch, neue überseeische Handelsverbindungen auszubauen. England habe nun sowohl Industrie wie Agrikultur so gut miteinander verbunden, daß dort »jeder arbeitsfähige Staatsbürger vollständige Anerkennung und Gewähr für seine Stellung als Solcher« habe. Zwei dringliche Maßnahmen schlägt Schloeffel vor, um die Leinenindustrie doch noch zu retten, eine politische und eine merkantile. Man müsse eine Volksrepräsentation haben, um »die in der Vereinigung von Regierung und Volk enthaltene Kraft, durch eine dem Volke zu gewährende Tätigkeit bei Beurteilung von Nationalfragen und dahin zielende Gesetzgebung zu gewinnen«. Außerdem müsse der Seehandel nach Übersee ausgebaut werden, wie es seine beiden beigelegten Eingaben fordern. Bei einer wahrhaften Volksvertretung statt der »Scheinvertretung des Bürger- und Bauernstandes in Preußen« würden dann »die Freiheiten der realen Freiheit, die Vorrechte dem Volksrechte« weichen müssen. Er fordert demnach eine völlige Rechtsgleichheit aller, womit er besonders auf die Großgrundbesitzer zielt. Zudem seien die Advokaten für die Armen zu teuer. Es sind mutige Worte, die Schloeffel hier gebraucht:
»Die Regierung hat die höchste Aufgabe erfüllt, wenn sie für alle Untertanen, ohne Unterschied des Standes oder Geburt, alle Hindernisse zur physischen und moralischen Entwickelung wegräumt.
Völker, welche, fortwährend bevormundet, den Gebrauch des Verstandes beschränkt sehen, bleiben ewig unmündige Kinder zu männlichem Wirken ungeschickt, denn durch Knechtschaft kann niemals errun-

gen werden, was nur durch Freiheit möglich ist.... Das größte Unglück aber trifft Völker, deren Vormünder von den Kenntnissen der Staatsbürger keine Notiz nehmen, weil sie vermeinen alle Weisheit inne zu haben, indem sie ihr Amt von Gott empfangen zu haben sich einbilden, und deshalb oft sich verleiten lassen, aus Unwissenheit Albernheiten zu gebieten.« Der Bildungsaufschwung auf dem Lande seit 1807, infolge der liberalen Gesetzgebung, müsse nun berücksichtigt werden, dem Dorfbewohner dieselben Rechte wie dem Städter eingeräumt werden. Die Bevölkerung der Landkreise habe bei der Wahl des Landrats keine Stimme, denn nur die großen Grundbesitzer könnten wählen.

Die ganze Denkschrift faßt Schloeffel dann zum Schluß in folgenden Punkten zusammen:

»Resümieren wir Gesagtes in kurzen Worten, so muß der in gesundem Staatsleben unmögliche Notstand aufhören, wenn

1. das preußische Gouvernement die Notwendigkeit der gewerblichen Industrie im Staate anerkannt haben wird, und

2. nach dem Beispiele desjenigen Staates, wo Industrie und Handel einen nachahmenswürdigen Höhenpunkt erreicht haben, für eine mit dem Bedürfnisse fortschreitende Gesetzgebung gesorgt werde: was

3. nur durch harmonisches Zusammenwirken der Theorie-Männer – Beamten – mit den praktisch erfahrenen, sachverständigen Männern aus dem Volke möglich ist, wenn

4. die Verfassung ohne Rücksicht auf Stände, eine Gliederung gestattet, mit der nicht die Interessen Einzelner

Stände, sondern die Interessen Aller, das heißt des ganzen Volkes wahrgenommen werden, womit

5. der Staat aufhören wird eine bloßer Agrikulturstaat zu sein, und in Folge dessen,

6. Gleichheit vor dem Rechte, Öffentlichkeit des Gedankens und der Tat, eine Volkskraft erzeugen wird, welche Preußen vor jeder inneren Not bewahren und jedem äußeren Feinde gegenüber gerüstet und kampfgerecht halten wird.«

Diese Denkschrift hat also, trotz ihrer Kritik am Gottesgnadentum des Königs, nichts Umstürzlerisches, sondern blickt auf England als großes Muster hin. Die politischen Forderungen auf völlige verfassungsbedingte Freiheit ohne staatliche Bevormundung sind dieselben, die dann 1848 allenthalben laut wurden.

Bettina bewahrte auch die beiden erwähnten langen Eingaben Schloeffels an den Provinziallandtag und an Friedrich Wilhelm IV. über die Wünsche von 887 Wassertriebwerkbesitzern zur Förderung des Seehandels vom Januar 1843 auf.

Schloeffel mußte sein Eintreten für die armen schlesischen Weber und seine Nachforschungen für Bettina teuer bezahlen. Er wurde zur Verantwortung gezogen und unter besondere polizeiliche Aufsicht gestellt. Das hielt ihn aber nicht davon ab, Anfang 1845 im Bürgerverein von Hirschberg verschiedene der Bürgeraufklärung dienende Vorträge zu halten: über den zunehmenden Pauperismus, über die Städteordnung und über die Steuer-Verfassung des preußischen Staats. Die Forderungen nach Reform, die er in diesen Vorträgen aussprach, wurden von einem Denunzianten als revolutionäre Gesinnung gebrandmarkt. Seine Denkschrift an den schlesischen Provinzial-Landtag forderte die richterliche Unabhängigkeit, wandte sich gegen die Bedrängung der Bürger durch Verhaftung und Haussuchung und rief nach der Einführung von Geschworenengerichten. Diese Schrift wurde sofort bei Erscheinen beschlagnahmt. Da Schloeffel nun auch noch in den Verdacht geriet, das Haupt einer sogenannten kommunistischen Verschwörung zu sein, die den gewaltsamen Umschwung der Staatsverfassung und nötigenfalls sogar die Abschaffung des Königtums zum Ziel habe, wurde er Mitte März 1845 verhaftet, blieb lange in Untersuchungshaft, mußte aber schließlich Ende des Jahres wegen völligen Mangels an irgendwelchem Beweismaterial freigesprochen werden. Schloeffels Tochter wandte sich während seiner Schwierigkeiten mit der Justiz an Bettina, die daraufhin am 18. Juli 1845 einen großen Brief an den König schrieb. Da dieser Brief nie wieder abgedruckt wurde, seit ihn Ludwig Geiger 1902 bekannt machte und da er unmittelbar mit Bettinas Armenbuch zusammenhängt, scheint mir ein Wiederabdruck hier gerechtfertigt. Bettina schreibt:

Bettinas Brief an Friedrich Wilhelm IV. vom 18. Juli 1845

Allergnädigster König!
Ich könnte nicht mit gutem Gewissen vor dem König bestehen, für den das Gute zu wollen ein jeder berufen ist, wollte ich unerwähnt lassen, was ihm Nutzen oder Schaden bringt. In diesem Sinne wage ich, Euer Majestät beiliegende Papiere vorzulegen. Ich muß voraus-

setzen, daß nur bezichtigende und keine rechtfertigende Indizien über den Gegenstand derselben bis zu dem Könige gedrungen seien, es würde daher Feigheit sein, wollte man nicht mit Vertrauen auch das vorbringen, was zu Gunsten desselben spricht.
Die schöne überzeugende Klugheit, mit welcher hier die junge Tochter ihren Vater verteidigt, spricht dafür, daß dieser Pfleger ihrer sittlichen Bildung der unwürdige Mann nicht sein könne, wie er vor Euer Majestät geschildert sein mag; sondern wie sich trotz seiner Verdächtigung hoffentlich im Lichte der Wahrheit noch wird herausstellen, ist er ein wohldenkender und getreuer Untertan, der nur verleumdet ist worden von solchen, welche häufig durch seine Rechtschaffenheit in Verlegenheit kamen – warum findet aber alles so leicht Gehör, was diesen Verleumdungen Gewicht gibt und nicht das, was sie entkräften könnte?
Liegt es dem Richter nicht ob, die Schuldlosigkeit vorauszusetzen und, wie es dem moralischen und politischen Interesse des Staates angemessen ist, die Untersuchung im Sinne der Rechtfertigung und aufklärenden Genugtuung des Beschuldigten zu leiten? Warum hat man dem Angeklagten seinen natürlichen Richter entzogen? Warum hat man versucht, ihm seinen Verteidiger, den allgemein so hochgeachteten Rechtsgelehrten Gräff zu verweigern? – der aber den Edelmut hatte, sich diese Verteidigung zu erkämpfen, indem er erklärte, er werde alle Prozesse des Fiskus, deren mehrere Hunderte ihm übertragen sind, niederlegen, wenn man ihm Schloeffels Sache entziehe. – Spricht dies nicht für den Angeklagten? – Und hätte die Regierung nicht ehrenvoller aus einem Antrieb diesem würdigen Advo-

katen, dem sie ihre eignen Interessen vertraut, die Verteidigung des so schwer Beschuldigten übergeben, da sie überzeugt war, er werde die Sache zur Steuer der Wahrheit durchführen, statt daß er sie erkämpfen mußte. Und nun spricht man, es geschehe der Regierung wohl ein schlechter Gefallen, wenn die Schuldlosigkeit des nunmehr vier Monate in der Haft schmachtenden Bürgers Schloeffel bewiesen werde, weil es ihr eine zu sehr beschämende Mißbilligung ihres Irrtums zuziehen würde.

Sollten so schlimme Verdächtigungen eines ganz Schuldlosen unglaublich erscheinen, so überlege man doch, wie dieses Ungeheuer Verleumdung in jedem Zeitungswinkel einen Giftzahn hat, der die Wahrheit, ja selbst den großmütigen reinen Willen des Königs übel zernagt. Wie sollte sie mit dem Schlesier langen Prozeß machen, der allen Wucherern und Unterdrükkern ein Dorn im Auge war! Meine eigne Lebenserfahrung belehrt mich ja hierüber. Wer kann allen jesuitischen Krümmungen nachspüren? Z. B. hat man in dieser letzten Zeit in einer Reihe öffentlicher Blätter einen Briefwechsel über Kommunismus und Sozialismus zwischen mir und der George Sand besprochen, dieser Briefwechsel hat nie existiert, denn ein einziger Brief, den ich von ihr empfangen und in eine Sammlung berühmter Handschriften schenkte[7], kann nicht als Briefwechsel aufgeführt werden, der mein Intresse am Armenwesen verdächtigte, was man durch diese Zeitungsnachrichten doch zu bewirken meint. – Kann also

7 Die Sammlung ist die von Varnhagen. Der Brief mußte ihm, als dem Hauptvertreter der Goetheverehrung in Berlin, wichtig sein. Er war wohl an der Verbreitung des Briefes nicht ganz unschuldig.

mir dies widerfahren, kann man mich verkleinern wollen vor dem König, für welchen im Denken und Handeln ich immer das Höchste einsetzte, warum nicht auch diesen Mann im Lande der Hungerleider, der so vielfachen Ärger erregte dadurch, daß er der moralisch und physisch versinkenden Menschheit sich vielfach annahm gegen ihre Unterdrücker (s. Beilage II), was er auch nicht einmal vermeiden konnte, denn in dem Lande der Verarmung, wo unter Tausenden keiner ist, der mit Rat und Tat beizustehn den Willen hat, und die Not umdrängt nun den einzigen Willfährigen, – wie kann er sich ihr versagen?

Es sei mir erlaubt, nur einen Beleg dafür aus eignem Erlebnis zu geben, obwohl sans comparaison, denn es ist hier nicht von Menschen die Rede, sondern von Schafen. Es war anno 1808 in einem Mißjahr, wo die Weide für das Vieh sehr knapp war und ich auf einer Reise durch die Wetterau an einem kahlen Bergabhang eine Herde eingepfergt erblickte; ich war mit einem großen Brot aus dem Gasthaus zu den Schafen gegangen und teilte es unter sie aus; als ich aber zurückgehen wollte, umdrängten sie mich, rissen Pferg und Schäfer um und stürzten den ganzen Berg hinab mir nach bis ins Wirtshaus, wohin sie nicht gehörten; ich konnte mich kaum retten, der Schäfer raffte sich auf und lief samt dem Schäferhund hinter den Schafen drein. Es war dem Schäfer freilich mißlich, daß er den Pferg wieder flicken mußte, der Hund war freilich böse, daß die Schafe seinem Bellen nicht gehorchten, aber ich wurde dennoch nicht des Hochverrats an dem Herrn der Herde beschuldigt, ich wurde doch nicht der Mißvergnügenerregung der armen Schafe gegen den schwarzen zornigen belfernden Schäferhund angeklagt, wie hier Schloeffel des Hochverrats an seinem König und der Mißvergnügenerregung gegen die Regierung beschuldigt wird; es wurden dennoch nicht fünf bis sechs ausgehungerte räudige Schafe, welche gewaltsam den Pferg durchbrochen hatten, als meine Mitschuldigen eingefangen und als Schmiede eines Komplottes mit mir konfrontiert, wie man fünf bis sechs elende krüppelhafte Hungerleider in Schlesien einfing und sie mit Schloeffel zusammen vier Monat eingesperrt hielt. – Diese verzweifelte Armut, die von sich nichts weiß, weil sie nie einen sorglosen Augenblick hatte, wo sie sich selbst konnte gewahr werden, sondern ewig am Strang der Bedürfnisse zog, – diese brotlosen, ihrer Kräfte von ihren Unterdrückern beraubten Schlesier, die nicht einmal deutsch verstehen, sondern wie die eintönigen Schafe auf jede Inquisitionsfrage immer nur Ja Ja antworten und in der Furcht vor ihrem Geschick garnicht wissen, daß sie Nein sagen dürften! – Diese konfrontiert man mit Schloeffel und tut ihnen die Ehre an, sie als Hochverräter am Staat der Intelligenz ins Zuchthaus einzusperren, noch ehe das Urteil gefällt ist! – Natürlich konnte man aus der Vernehmung von Blödsinnigen keine Resultate ziehen. – Ach, hätten die Herrn von der Regierung es mit diesen Leuten doch auch lieber gemacht, wie der schwarze Schäferhund, der die Schafe ein paarmal in die Hinterbacken biß, wo sie denn Hals über Kopf wieder hinliefen, woher sie entsprungen waren, und wollte man es doch so vernünftig mit Schloeffel machen, wie der Schäfer mit mir, der mich warnte und meinte, die Schafe seien zu gierig, und wenn erst die Schafböcke das Salz und Brot geschmeckt hätten, so ließen sie sich nicht halten und ich könnte Schaden nehmen, ich solle mich daher nie mehr mit einem Stück Brot unter eine hungrige Herde wagen.

Der König hat öffentlich ausgesprochen, er vertraue seinem Volk, jedem sein Haupt in den Schoß zu legen; diese Worte sind allen ein erfrischender Quell der Begeistrung für den König. Und ich glaube, der verhaftete Schloeffel würde einem solchen Vertrauen des Königs jedes Opfer freudig bringen und daß er seine äußersten Kräfte dransetzen würde, ein solches Vertrauen zu rechtfertigen.

Könnte ich im Namen des Königs seinen Kerker öffnen, seine Seele von Mißmut reinigen, ihn zurückführen in den Schoß der Seinigen und dort in Schlesien das Evangelium des Vertrauens und der Liebe predigen, wie gut würde mir das gelingen! besser wie jede Polizeimaßregel, und welche Lehre wäre es für die Beamtenschaft im Sinne des Königs zu handlen! (aber ich fürchte, daß dies Verständnis schwerlich etwas sei, worauf ihr Begriff paßt.) und der so hart gefangene Schloeffel würde ohne Haft mit gutem Gewissen jeder Frage sich stellen.

Eigensüchtige Menschen, deren Hochmut oder Eigennutz durch diesen Mann bekämpft werden, haben in blindem Mißwollen Dinge behauptet (vielleicht selbst geglaubt), durch welche Behauptungen die Regierung sich zu Maßregeln verleiten ließ, welche zu rechtfertigen sie sowohl vor dem Richter ihres eignen Gewissens sich zu verantworten hat, wie auch von jedem Einzelnen dazu aufgefordert ist, indem sie leichtsinnig eines bisher unbescholtnen Mannes Beschuldigung aufnahm; diese von einem die Würdelosigkeit an der Stirn tragenden Subjekt heimlich ausspionieren ließ und auf dessen zweideutige unerwiesene Indizien hin diesen *unbescholtenen* Mann als einen des schändlichsten Frevels Überwiesnen behandelt und sogar gegen alles Recht den von ihm gewählten gerichtlichen Beistand weigerte, der zur Steuer der Wahrheit Licht hierüber verbreiten konnte.

Ich glaube, daß es der größte Genuß sei des Herrschers, sich der Liebe und des Vertrauens seines Volkes überzeugt halten zu können, ich glaube auch, daß es des Königs Würde nicht benachteilige, wenn er dem Volke in seinen gerechten Ansprüchen entgegenkomme, und daß es die Basis einer genievollen Regierung sei, lieber dem Unrecht nachzusehen, als auch nur im geringsten die Verheißungen der Gerechtigkeit, des Schutzes und der Heilighaltung des Vertrauens seiner Untertanen verletzen, den Übereilungen preisgeben.

Einmal hat des Königs Hand die meine berührt, ich habe seine Hand festgehalten und in dieser Minute Gelübde für ihn getan. Glauben Euer Majestät an die Aufrichtigkeit meiner Gefühle, so ist jene Minute ein glückbringender Talisman, aus dem kluge und energische Handlungen entspringen.

Berlin am 18. Juli 1845

Euer Majestät untertänige
Bettine Arnim

Die in diesem Brief erwähnten Beilagen haben sich nicht erhalten. Bettina konnte den König von der Unschuld Schloeffels nicht überzeugen. Er schickte ihr eine Antwort, in der es hieß, »die Schuld des Mannes sei erwiesen, derselbe habe ihn und die Königin ermorden wollen. Bettine sei durch falsche Angaben hintergangen, aber das Gericht werde demselben doch nichts tun, sie solle nur ruhig sein.« Auch an den Prinzen Wilhelm von Preußen, den späteren Kaiser Wilhelm I., hatte Bettina einen Tag vorher, am 17. Juli, wegen Schloeffel geschrieben. Er schrieb ihr am 7. August zurück, er sei von Schloeffels Unschuld nicht überzeugt, es sei notwendig, der Staatsautorität Geltung zu verschaffen (vgl. Katalog Henrici 148, Nr. 103). So war es nicht Bettina, sondern Schloeffels Anwalt Gräff, der die Freilassung erwirkte. Schloeffel wurde 1848 in die Frankfurter Nationalversammlung gewählt und spielte im ersten deutschen Parlament eine gewisse Rolle[8].

Schloeffel war nicht der einzige, der solche Listen zusammenstellte. In einer Nummer der Breslauer Zeitung, vom 24. Februar 1844, die Bettina zugeschickt wurde, hatte ein Dr. Pinoff solch eine Liste mit Namen und Notbeschreibungen veröffentlicht, und er forderte andre auf, solche Dinge öffentlich bekanntzumachen. Bettina erhielt außer von Schloeffel noch viele andre, z.T. sehr ausführliche, Listen, die alle vor ihrem Aufruf vom 15. Mai schon für sie, vielleicht auch auf Betreiben von Schloeffel, zusammengestellt worden waren. Erhalten haben sich davon das »Verzeichnis der verarmten Weber und Spinner-Familien der Ausstände und Abgaben in der Gemeinde Neudorf« mit 54 Namen und statistischen Angaben vom 1. März; ein Verzeichnis aus Michelsdorf bei Kynau mit 36 Namen

8 Die Einzelheiten über Schloeffel sind nachzulesen bei Geiger, op. cit., S. 86 f., und Kurt Gassen, Bettina von Arnim und Rudolf Baier. Greifswald 1937, S. 33 f.

vom 24. Februar; eines mit 40 Namen aus Friedland vom 6. März; ein »Verzeichnis der ärmsten Weber-Familien und Spinner so wie einzelner andrer Armen zu Dorf und Hof Göhlenau bei Friedland« mit 65 Namen und kurzen Bemerkungen zu jedem davon vom 26. Februar; aus Schmidtsdorf kamen 33 Namen, auch am 26. Februar, zusammen; aus Altfriedland ebenso; aus Alt Weisbach mit 67 Namen und Bemerkungen; eine sehr lange Liste aus Dittmannsdorf mit 167 Namen und Bemerkungen; aus Michelsdorf mit 141 Namen und Bemerkungen; schließlich aus Raspenau und Rosenau eine Liste mit 62 Namen. Dies sind nicht alle Listen, die Bettina erhielt, aber die einzigen, die sich erhalten haben.

Diese verschiedenen Listen unterscheiden sich wenig von derjenigen Schloeffels. So erscheint es unnötig, alle diese Namen und Zahlen zu veröffentlichen. Damals lebten diese Menschen ja noch und die geplante Veröffentlichung der Listen hatte ja den Sinn, auf diese lebenden Menschen hinzuweisen und dadurch Maßnahmen gegen ihr Elend anzuregen.

Aber, das hat sich bei genauer Durchsicht aller Papiere herausgestellt, diese Listen waren Bettinas Armenbuch. Es gab also kein Werk dieses Namens von Bettinas Hand, wie man lange Zeit annahm. Bettina muß diese Listen sofort in Druck gegeben haben, denn schon im Juni, sicher nach dem 9., schreibt sie an Alexander von Humboldt: »Mein Manuskript vom Buch für die Armen, was ich dem Schwanenorden widmen wollte und was schon zum 15. Bogen gediehen ist, hab' ich einstweilen zurückgenommen. Wenn man mir an einem andern Druckort auch noch so viel Chicanen macht, es wird mir erträglicher sein als hier unter den Augen des Königs.«

Was diese fünfzehn Bogen enthielten und noch nicht enthielten, wird recht deutlich aus ihrem etwas späteren Brief vom 22. Juni an Humboldt: »So manche Hülfsquelle, so manches notwendig zu Erwägende sollte in mein Armenbuch kommen, ich lasse es jetzt nicht weiter drucken. Ich sende Ihnen hier ein paar Bogen aus demselben, nicht zum Lesen, sondern zum Einsehen, was diese Leute dort gelitten, ehe es so weit kam; die Frucht verkam vor Mangel an Nahrung im Mutterleib, die Kinder werden als Skelette geboren! Diese Register ihres häuslichen Jammerstandes sind nur ein échantillon unter hunderten; nicht gewählt, zufällig herausgenommen. Dergleichen Listen sind so viele, daß eine dicke Postille nicht die Hälfte davon umfassen würde.«[9] Also keinen Text zum Lesen schickt sie an Humboldt, sondern lediglich »Register« und »Listen«, von denen sie noch viele nichtgedruckte hat. Auch Oppenheim, der ihre Pläne besser als andre kennt, erwartet kaum mehr als diese Listen, von denen er weiß. Er schreibt ihr (in dem schon oben zitierten Brief vom 2. Juni): »Ihr Buch über *Armenwesen* kommt wohl bald; ich denke mir, es wird ungefähr, wie der Anhang zum *Königsbuch* werden [gemeint sind die Listen aus dem Vogtlande], oder sollte es aus der ruhig schildernden Statistik heraus in das Gebiet der praktischen Politik treten, etwa mit Vorschlägen? Ich habe keine klare Vorstellung davon, aber ich erwarte Bedeutendes, und ich freue mich, wenn ich dran denke, daß es noch einen Menschen von dieser mutvollen, unver-

9 Briefe aus dem Nachlaß Varnhagens von Ense. Leipzig 1865, S. 367, 374 f.

drossenen, edlen und rein menschlichen Tätigkeit gibt, in unserer Zeit der kraftlosen Gebundenheit, und daß ich diesen Menschen meine Freundin nennen darf.«

Die erhalten gebliebenen Listen sind deutlich für den Druck eingerichtet. Der unverkennbare Rotstift des Korrektors Klein, Bettinas rechter Hand in allen ihren Verlagsgeschäften, hat die einzelnen Bogen beziffert, die überflüssig erscheinenden Hausnummern gestrichen, die angefügten Bemerkungen, die mitgedruckt werden sollten, unterstrichen usw. Zudem, um jeden Zweifel zu beheben, finden sich von des Druckers Hand die Notizen »Bg. 6 p. 81« (d.i. Bogen 6, Seite 81; ein Bogen hat 16 Druckseiten) mitten in der Schloeffel-Liste, deren Anfang also den größeren Teil von Bogen 5 umfaßte. Es folgen die Notierungen zu dem jeweiligen Anfang eines neuen Bogens in der Schloeffel-Liste »Bg.7 pag. 97«, Bogen 8 und 9 (Seite 113 und 129) in der »Denkschrift« von Schloeffel; Bogen 13 auf einer andern Liste und sogar noch Bogen 16 mit der Seitenbezeichnung 241. Und hier findet sich auch von Bettinas Hand die Druckanweisung:

»Bemerkung für Herrn Klein

Dies ist der Rest der Liste die aus Versehen zurück geblieben war, und dahin gehört als Fortsetzung, wo die Hausdorfer Armenbeschreibung der Armen abbricht.«

Demnach kann man sicher sein, daß die Liste aus Hausdorf (nicht erhalten) mindestens den Bogen 15 ausmachte.

Man weiß nun also mit Bestimmtheit, daß zumindest Bogen 5–16 des Armenbuches kein Werk Bettinas enthielten, sondern lediglich aus Listen und Armenbeschreibungen bestanden. Der einzig darstellende, theoretische Teil war vermutlich Schloeffels »Denkschrift« als Nachwort seiner Liste. Auch die sprachliche Fassung ihres Berichtes an Humboldt »so manches notwendig zu Erwägende sollte in mein Armenbuch kommen« weist darauf hin, daß diese Erwägungen noch nicht im Text enthalten waren. Es bleibt einzig die Möglichkeit, daß auf den ersten vier Bogen, für die uns die Druckvermerke fehlen, eine Einleitung von Bettina selbst gestanden hätte. Ich halte das für sehr unwahrscheinlich. Sie tat das, was ihr dringlich schien, zuerst und hätte bei ihrer Art, mit vielen Entwürfen zu arbeiten, kaum die Zeit gehabt, den Listen sofort ein langes Vorwort voranzuschicken. Auch deutet der Satz an Humboldt darauf hin, daß sie sich ein Nachwort vorbehalten hatte.

Eine letzte unmittelbare Anregung zu ihrer Arbeit empfing Bettina anscheinend von der Gründung des Schwanenordens, einer Gesellschaft von Privatleuten, die sich mit Fragen des öffentlichen Staatswesens zu befassen gedachte. Er hatte eben im Juni seine Statuten aufgestellt[10]. Wie hätte Bettina auch einem solchen wie von ihr

10 Der »Orden Unserer lieben Frauen zum Schwan« war 1443 von Friedrich II., Kurfürsten von Brandenburg, gestiftet worden. Er hatte sowohl geistlichen als auch weltlichen Charakter. Auch Frauen wurden aufgenommen. Der Schwan galt dabei als ein Symbol der Reinheit. Die ersten Statuten vom 15. August 1443 in niederdeutscher Sprache sprechen noch nicht von Armenhilfe; es sei denn, man hielte für eine philanthropische Regung, daß keiner mit dem Ordensschmuck bekleidet »irgend ein Spiel spielen und wenn er darauf ertappt wurde, 7 Pfennige für die Armen geben solle«. Durch die sich ausbreitende Reformation löste sich dann der Orden im 16. Jahrhundert auf. Außer den Fürsten gehörten die vornehmsten Adelsgeschlechter, Grafen, Herren, Ritter und Edelleute zu den Mitgliedern. Genau vierhundert Jahre später, am 24. Dezember 1843, erneuerte dann Friedrich Wilhelm IV. das Patent der Gesellschaft, womit der Orden neugegründet wurde. Der König wurde Großmeister des Ordens. In dem Patent heißt es u.a., der Orden gehe aus von der »Bestrebung,

selbst erfunden klingenden Namen widerstehen können? Aber bald schon enttäuschte sie der Schwanenorden als rückschrittliche Körperschaft; Mitte Juni 1844 schreibt sie an den Großherzog von Weimar: »Über diesen Schwanenorden hab ich viel hören müssen. Gewiß ists, daß der König einen der Gesellschaft höchst überraschenden Sprung getan hat, da sie nichts goutiert als den alten Schlendrian, so hält sie immer Wache gegen das Ungewöhnliche...«[11]

Verfolgt man Varnhagens Tagebücher und Bettinas Briefe aus dieser Zeit, so ist es nicht schwer zu erkennen, warum sie ihren Plan aufgeben mußte.

Am 9. Juni erfährt man in Berlin vom Weberaufstand in Schlesien und daß die Truppen herbeigerufen wurden und auf die Weber schossen. Am nächsten Tag notiert Varnhagen: »Bettine von Arnim war in größter Aufregung bei mir, noch immer säumt die Wirkung des Königlichen Befehls sich zu zeigen... [hier folgt einiges über die Zensurschwierigkeiten mit dem »Früh-

auf dem Wege der Bildung von Vereinen physische und moralische Leiden zu lindern. Dies Streben ist wesentlich eins mit dem: das Christentum beweisen, – nicht durch Bekenntnisstreit oder nur in äußerlichen Gebärden – wohl aber in seinem Geist und seiner Wahrheit, nämlich durch Leben und Tat...Unsere nächste Sorge für die praktische Wirksamkeit der Gesellschaft des Schwanenordens soll die Stiftung eines evangelischen Mutterhauses in Berlin für die Krankenpflege in großen Spitälern sein.« Offenbar sollte der neue Orden nicht nur den Angehörigen des Adels offenstehen: »Männer und Frauen ohne Ansehen des Standes und Bekenntnisses können, wenn sie den Pflichten der Gesellschaft sich zu unterziehen bereit sind, in dieselbe aufgenommen werden.« Grundgedanke also war das tätige Christentum. Bettina hätte hier wohl kaum mit lebhaftem Interesse an ihren Ideen über die Armut rechnen dürfen. Quelle für die oben mitgeteilten Angaben ist Rudolf Maria Bernhard Freiherr von Stillfried-Rattonitz, Der Schwanenorden – Sein Ursprung und Zweck, seine Geschichte und seine Alterthümer. 2. Ausgabe, Halle 1845, Vorwort und S. 5–15 passim

11 Bettina von Arnim, Werke und Briefe. Hrsg. von Joachim Müller. Bd. V, Frechen 1961, S. 475, mit irriger Zuschreibung des Adressaten. Siehe Fußnote 48.

lingskranz«; dann:] Sie tat mir außerordentlich leid in ihrer Aufregung! Und doch vergaß sie selber bald ihre eigene Sache, um die der Weber in Schlesien zu besprechen, und auch den Schneidergesellen Karl Otto, der an seinen Wunden gestorben ist, und dessen Mutter sie gesprochen hat. Bettine weinte im Erzählen dieses Leids, und es war herzzerschneidend, was sie erzählte.« Zwei Tage später trifft Varnhagen Bettinen auf der Straße (wie ja Varnhagen immer im wichtigen Augenblick herausschaut oder aus dem Hause tritt): »Sie schreibt nun an Humboldt zurück, ihr Buch möge kein Gegenstand seiner Sorge mehr sein, aber die Geschichte des Schneidergesellen Otto und seiner Mutter möge er dem Könige vorbringen. Sie erzählt sie, daß es durch Mark und Bein geht! Die Sache sei ›tragischer als – Sophokles‹, und der König möchte ›den hier beabsichtigten Dom in tausend Hütten in Schlesien bauen!‹ Vortrefflich!« Dieses schöne Bettinische Wort wurde bald in Berlin berühmt. Über Otto, der von Soldaten verwundet worden war, hört Varnhagen dann am 30. Juni: »Die Stadtverordneten wollen der Mutter des getöteten Schneidergesellen Otto eine Pension aussetzen.«

Der Weberaufstand brach bald zusammen. Schon am 16. Juni fangen die Bestrafungen der Aufrührer an. »Man unterläßt nicht, auch von Aufwieglern im politischen Sinn, von bösen oder wenigstens unbesonnenen Schriftstellern zu sprechen, man deutet auf Bettinen von Arnim, auf Herrn Pelz..., auf jede Schrift hin, wo vom Volke mit Anteil gesprochen wird.« Man sieht, daß Bettinas Veröffentlichung der Listen jetzt fast einem Bekenntnis gleichgekommen wäre, an dem

Weberaufstande mittelbar beteiligt gewesen zu sein. Drei Tage später lesen wir sogar bei Varnhagen: »Der Minister Graf von Arnim beschuldigt Bettinen von Arnim, sie sei die Ursache des Aufstandes, sie habe die Leute gehetzt, ihnen Hoffnungen erweckt, durch ihre Reden und Briefe, und schon durch ihr Königsbuch! – Auch stand schon in der ›Spenerschen Zeitung‹ ein Artikel in diesem Sinn.« Und dabei wußte der Minister Arnim um diese Zeit noch gar nichts von den für Bettina zusammengestellten Listen. Daß, wie Schloeffel ja selber am Ende seiner Liste schreibt, viele Weber von dieser Aktion eine sofortige Hilfe erwarteten, ist ja richtig. So mag Bettina in der Tat zu einer Aufruhrstimmung durch unerfüllte Hoffnungen mitbeigetragen haben, und sie mußte sich hüten, weitere Schritte zu unternehmen. Am 24. Juni bemerkt Varnhagen: »Auch Humboldt scheint mißvergnügt, und rät Bettinen im Vertrauen, ihr ›Armenbuch‹ lieber auswärts drucken zu lassen.«[12] Bettina selbst schreibt am 27. Juni an Adolf Stahr: »Mein Armenbuch habe ich einstweilen abgebrochen, denn der Druck würde hier nicht gestattet werden, indessen sammeln sich jeden Tag noch merkwürdige Belege dazu. Traurig ists zwar, daß es nicht zu rechter Zeit kommt. – Allein, *den Hungrigen helfen wollen heißt jetzt Aufruhr predigen*, hat mir jemand geschrieben und mir damit den Rat verbunden, den Druck hier nicht fortzuführen. – Ich bewahre wunderliche Dokumente geschichtlich merkwürdig in Bezug auf dieses Buch.«[13] Es ist schließlich wie ein Epi-

12 Tagebücher von K. A. Varnhagen von Ense. Bd. II, Leipzig 1861, S. 307, 308, 311, 313, 314, 315, 320
13 Geiger, op. cit., S. 70

log, in dem alles schon historisch geworden ist und als Dokument ins Archiv wandert, wenn Humboldt am 31. August dieses Jahres eine ganze Reihe von Schriftstücken an Varnhagen für dessen Sammlung schickt (Varnhagen hatte ja das erstaunliche Gespür, Zeitgeschichte sofort historisch erleben zu können); darunter auch »Bettina in der Verfolgung«, wobei wohl Material über das Königsbuch, den »Frühlingskranz« und das Armenbuch war[14].

14 Briefe von Alexander von Humboldt an Karl August Varnhagen von Ense. Hrsg. von Ludmilla Assing. New York 1860, S. 105

II Bettina und Georg Svederus

In dem Konvolut der Armenpapiere befindet sich auch ein gedrucktes Buch von 162 Seiten ohne Titelblatt und Verfassernamen. Es wurde bei Trowitzsch & Söhne gedruckt, wie die meisten im Arnimschen Verlag erschienenen Bücher. Das Exemplar, offenbar das einzig gedruckte, war, als es mir zur Herausgabe anvertraut wurde, noch unaufgeschnitten, und die Handschrift, die Druckvorlage, wie man vermuten mußte, liegt dabei. In dieser Schrift glaubte man, Bettinas eigentliches Armenbuch zu besitzen. In diesem Sinne war im Versteigerungskatalog von Henrici auch daraus zitiert worden. Bettina aber hatte Humboldt von »15 Druckbogen« geschrieben, während dieses Buch nur etwa 10 Bogen stark ist. Das Armenbuch also kann es nicht sein, und bei näherer Untersuchung stellte sich denn heraus, daß es überhaupt nicht von Bettina stammt. In der Einleitung setzt sich der Verfasser mit den Theorien Adam Müllers, Lists und dem Kommunismus auseinander. »Kommunismus« war ja vor 1848 ein sehr vager Begriff. In dem Fabrikanten Schloeffel vermutete man einen Kommunisten, weil er sich für die Armen tätig einsetzte. In George Sands Brief genügte der Ausdruck »le bien commun« (den sie von Goethe hatte) und vielleicht auch die Tatsache, daß sie emanzipiert war und Hosen trug, um sie in Deutschland zur Kommunistin zu machen und Bettinen, die das Wort Kommunismus nie gebraucht, solcher gefährlichen Ideen zu zeihen.

Der Verfasser schreibt auf S. 12 über diese »Schule«

des Kommunismus: »Ihr liegt zu Grunde dieselbe alte, verworrene, gespensterartig noch immer wiederkehrende Idee einer Gleichheit, die nie errungen werden kann oder soll, weil, wenn sie möglich wäre, die menschliche Entwicklung durch sie in Stocken geraten müßte.«

In dem Buche folgen dann zehn Kapitel, die alle die verschiedenen Ursachen der Armut besprechen und jeweils kritisch zu den bekannten staatsökonomischen Theorien, vor allem der Adam Smiths, Stellung nehmen. Eine Fußnote auf S. 7 präzisiert die Zeitangabe »gegenwärtig« mit dem Hinweis »1844«.

Es wurde mir beim Lesen bald klar, daß dies unmöglich ein Werk Bettinas sein konnte. Eine solch genaue Kenntnis der Volkswirtschaft, wie sie hier zutage tritt, hat Bettina nie besessen, und sie hätte sie auch nicht so sachlich vortragen mögen. Vor allem aber der völlig bilderlose, leicht pedantische Stil läßt alle Bettinischen Eigentümlichkeiten vermissen. Um zu zeigen, daß die Armut erst in neueren Zeiten entstanden sei, wird auf ein Beispiel aus der schwedischen Geschichte hingewiesen. Wie käme Bettina dazu? Zwei etwas kecke »Anmerkungen des Korrektors« machen sich darüber lustig, daß so etwas nur einem Schweden einfallen könne. Hierbei bliebe allerdings die Möglichkeit offen, daß der Schrift dies schwedische Mäntelchen zur Tarnung und Irreführung der Zensur könnte umgehängt worden sein. Aber, wenn der Verfasser auf die Armenfürsorge zu sprechen kommt, gibt er Einzelheiten über die protestantische Fürsorge, mit der die Katholikin Bettina wenig vertraut gewesen sein dürfte. Schließlich aber stößt man in dieser sonst eher radikalen Schrift mit

Verblüffung auf die »sechste Ursache der Armut« als aus dem »Mangel an Religiosität in unserem Zeitalter« entsprungen, was nun vollends nicht Bettinas Geist entspricht. Hier folgt denn auch (S. 112) eine lange »Anmerkung des Herausgebers«, als deren Verfasser man gleich, und zu Recht, wie sich zeigen wird, Bettina vermutet:

»Wir geben denjenigen recht, die darüber klagen, daß die Kraft der wahren Religiosität unserer Zeit nachgelassen habe; nur glauben wir, daß die Klage über diese Zeiterscheinung hier nicht an ihrem Orte ist und wir begnügen uns damit, in einigen kurzen Zügen den Zusammenhang derselben mit der zunehmenden Armut anzudeuten.

Der Industrialismus, das Jagen nach Besitz ist selbst schon ein Zeichen, daß der Weltzustand, in denen er sich entwickelt und zu der jetzigen hohen Anspannung erhoben hat, die himmlischen Güter nicht mehr hoch hält.

Der Industrialismus hat jenen Zustand der Gesellschaft herbeigeführt, in welchem Jeder sich fast darauf angewiesen sieht, den Andern, wo möglich alle Andern zu überlisten und übervorteilen, er hat also das religiöse Band, welches Alle als Brüder vereinigen soll, aufgelöst und ist selbst nur dadurch möglich gewesen, daß jenes Band bereits gelockert war.

Die zahllosen Opfer des Industrialismus entbehren also unter diesen Umständen, da ihnen der Zuspruch der Religion fehlt, den Trost, welchen der Arme früher im Gedanken an eine Zukunft hatte, welche die Widersprüche dieser Welt ausgleicht.

Der Mangel an Religiosität läßt also den Armen seine

Entbehrung erst recht fühlen, ja sie macht erst wahrhaft Arme. Ist aber einmal dieser Stachel in die Persönlichkeit gedrungen, so kann der Leidende unter den bestehenden Verhältnissen kaum von seinen Schmerzen befreit werden; er verfällt nur immer mehr, bis zur Rettungslosigkeit, da ihm mit der Religiosität das fehlt, was den Armen früher einen Halt gab. Er verfällt so weit, daß er fast das Gefühl und Bewußtsein der menschlichen Persönlichkeit und damit die Möglichkeit verliert, sich aus seinem Verfall wieder herauszuarbeiten. A. d. H.«

Das ist nun echt Bettinisch. In einer klugen Umkehr der Gedanken des Verfassers sagt Bettina hier, vorsichtiger wohl als anderswo, daß dem Armen, der sich nicht mehr auf ein ausgleichendes Leben nach dem Tode vertrösten lassen will, seine ausweglose Armut erst recht zum Bewußtsein kommt. Ein später mitzuteilender Text spricht diesen Gedanken unverblümter aus.

Die Handschrift ist nicht ganz vollständig und enthält am Schluß noch einige Seiten ohne wirklichen Abschluß, die nicht mitabgedruckt wurden. Drei verschiedene Schriftzüge sind deutlich von einander abzusetzen. Der Haupttext als solcher ist einheitlich in einer fremden deutschen Schrift geschrieben. Dazu kommen Änderungen am Rande in einer fremden lateinischen Schrift, und schließlich die Schrift der Herausgeberin Bettina, vor allem ihre Bemerkung am Ende der sechsten Ursache: »hier sind die beiden eingefügten Blätter einzuschalten mit kleiner Schrift«. Ihre oben mitgeteilte Anmerkung also, deren Handschrift sich nicht erhalten hat.

Das Manuskript ist vom Rotstift des Korrektors stark zusammengestrichen worden. Vor allem die »Sechste Ursache« ist stark, und zwar von Bettina selbst, gekürzt und verändert worden. Öfter hat Bettina am Rande eine allzu schwerfällige Fügung in eine frischere und kürzere Form gebracht. Aber auch so stimmt der Druck nicht immer ganz genau mit dem überarbeiteten Text überein. Es gab vielleicht noch eine endgültige Reinschrift als letzte Druckvorlage.

Zum Glück hat sich unter den zum Armenbuch gehörenden Papieren ein Brief an Bettina erhalten, der in derselben lateinischen Schrift geschrieben ist, die die Änderungen im Manuskript aufweisen. Er ist vom 13. September 1844 datiert und kam von Stockholm:

»Madame!

Wie habe ich mich wechselweise gefreut und geschämt, nachdem ich den hochzuverehrenden Brief gestern am 12ten Sept. empfangen hatte!... vom Vorenthalten des Manuskripts kann gar keine Rede sein – ich kann nur sagen daß Alles in meinem Vaterlande so ganz verändert war als ich zurückkam, daß meine Verfügungen ganz anders werden mußten als ich mir gedacht hatte... Bei den jetzigen Verhältnissen aber haben mich einflußreiche Männer überredet, nicht, wie ich gedacht hatte, das öffentliche Leben zu verlassen;...«

Hier folgen dann Berichte über Laufereien und Zeitmangel. Dann fährt der Schreiber fort: »... so werden Sie wahrscheinlich mit Schonung beurteilen daß ich so wenig mich nach den anerbotenen glücklichen Verhältnissen mit meiner kleinen deutschen Schrift zu kehren wußte;... Es kommt nur darauf an, ob es nicht besser wäre, daß das schon Gedruckte erschiene, als ein *Erstes*

Heft, und das übrige als zweites...« Er dankt schließlich Bettina noch überschwänglich für das große Lob, das sie seiner Schrift gezollt hat. Unterschrieben ist der Brief mit dem Namen »Georg Swederus«.

Das gedruckte Buch ist also die Schrift »Über Industrialismus und Armuth« von Svederus, die Ende 1844 im Arnimschen Verlag erschienen ist[15]. Das Buch war offenbar als Beantwortung der Preisfrage der Regierung gedacht. Den ersten Teil, über die Ursachen der Armut, hat Svederus ausgearbeitet; den zweiten Teil, wie man der Armut steuern könne, hat er also nicht mehr geliefert. Der wohl schon seit dem Sommer fertige Druck des ersten Teils erschien dann, nach diesem Brief, als selbständiges Werk.

Georg Svederus (1796–1888) kehrte Anfang der vierziger Jahre seiner schwedischen Heimat den Rücken, weil die Zensur dort noch stärker war als anderswo. Er kam nach Berlin, wo er bei Steffens verkehrte, der ihn allerdings nicht erwähnt. Wieder gibt Varnhagen die gewünschte Auskunft. Er notiert zum 5. April 1842: »Abends fuhr ich zu Steffens... Professor Swederus aus Schweden sprach stark gegen die neue Staatswirtschaftslehre von List, und ich stimmte ihm bei.«

Rudolf Baier berichtet in seinem Tagebuch am 30. November 1844, daß er eben an einer Rezension über das Buch von Svederus arbeite[16].

Svederus hat in seinem langen Leben dann noch eine große Menge Schriften verschiedensten Inhalts veröf-

15 Vgl. Otto Mallon, Bettina-Bibliographie. In: Imprimatur, IV. Jg. 1933, S. 141–156, bes. S. 155, unter Nr. 108
16 Gassen, op. cit., S. 28

fentlicht und wohl keine Beziehungen mehr mit Bettina unterhalten[17].

Unter den Armenpapieren liegt ein längeres Manuskript von Bettinas Hand, das fast wörtliche Auszüge aus der Schrift von Svederus enthält. Sie benutzt dafür die Seiten 56, 57 und 60–67 des dann später gedruckten Buches. Der Text ist ohne Überschrift und hat folgenden Wortlaut[18]:

Bettinas Auszüge aus Svederus

Daß die Land- und Handwerksarbeit als die niedrigste angesehen wird, das hängt mit der Unterdrückung zusammen, welche diese sogenannten niedrigsten Stände erleiden. Die Menschen müssen der Würde ihrer Arbeit froh werden. Der Ackerbau ist zwar poetisch anerkannt, aber er wird lächerlich sogar oder Hundsvöttisch behandelt[19].

Nur der Fabrikherr, sein Chemiker und Mechaniker werden des Bewußtseins des tatsächlichen Genusses froh. Die große Masse der Arbeiter gleich Galeerensklaven sind an die bis zum Tode immer wiederkehrende insipide Bewegungsmechanik gefesselt, von deren Verhältnis zum Ganzen sie nichts begreift. Hier

17 In Svederus' Nachlaß, soweit er in der Königl. Bibliothek zu Stockholm liegt, haben sich Bettinas Briefe nicht erhalten. Auch die Universitätsbibliothek von Uppsala bewahrt keine. Nach freundlicher Mitteilung von Herrn Bengt Dahlbäck, stellvertretendem Direktor der Handschriftenabteilung.

18 Alle Texte wurden der heutigen Schreibweise und Interpunktion angeglichen. Wer sich für Bettinas originale Orthographie und alle Lesarten interessiert, sei auf den ersten Abdruck im ›Jahrbuch des Freien Deutschen Hochstifts‹ 1962, S. 379–518 verwiesen.

19 *Der Ackerbau … behandelt* ohne Entsprechung bei Svederus

ist bittere Armut in und bei der Arbeit selbst. Das heißt völliger Mangel des Bewußtseins bei dem Arbeiter von seinem wenn auch noch so bescheidnen Anteil an der Lösung der großen gemeinsamen Aufgabe der Menschheit bei rastloser und zugleich sehr einseitiger Kraftanstrengung. Diese Armut ist nicht minder unsinnig, sündlich und schmerzlich für den Herrscher[20] sie zu dulden oder gar sie wieder emporbringen zu wollen, als das physische Elend, welche die aus Arbeitslosigkeit hervorgehende Armut erzeugt; auch wirkt jene Armut eben so verderblich und mehr noch als die andre automat, außer Stand in seiner Berufstätigkeit[21] als lebendig wirkendes Glied seines Geschlechts sich zu fühlen, wird der Mensch zum verstockten Egoisten. Die Wirkung des Geistes in die allgemein nährende Tätigkeit nur gewahrend in den Maschinen, die zwischen seine Arbeit und den lebendigen Organismus der Gesamtarbeit sich gewaltsam gestellt haben, die Arbeit nur lernend in ihrer niedrigen Bedeutung als Erwerbszweig, abgeschlossen von ihrer humanen Würde muß der Fabrikarbeiter sich natürlich unter seinem Herrn empfinden als geistiges Wesen. Dies soll aber nicht sein! Denn daran entspringt der Neid. Über materielle Genüsse des Fabrikherrn, die dieser durch seinen reichlichen Gewinn mit Abnützung ihrer ihnen abgewucherten Kräfte[22]. Nun verlange man noch, der Arbeiter solle noch sparsam außerhalb des sinnlichen

20 *für den Herrscher* Svederus: »für die Staaten«
21 *auch wirkt... Berufstätigkeit* Svederus: »... auch wirkt sie verderblicher noch auf das Gemüt als diese. Zum Automat herabgewürdigt, in seiner Berufstätigkeit, ...«
22 *Kräfte [sich verschafft]* Von hier ab, bis zum nächsten Absatz, ein Einschub Bettinas ohne Entsprechung bei Svederus

Genusses bleiben. Während die Vermögenden nicht genug auf sie drücken können, um sich diesen albernen Genuß zu verschaffen, ja, während der ganze Staat darauf ausgeht, den Luxus als die eigentliche Staatswürde zu betreiben. Keiner wird zum Minister gemacht, dem nicht zugleich Pflichten auferlegt werden, einen größeren Staat zu machen; er muß Pferde, Jäger, Koch, Kammerdiener haben, er muß Gesellschaft halten, abends empfangen. Er muß schöne Möbel haben, kann nicht mehr ohne Teppich auf seinem Stubenboden existieren. Kurz, er muß die Hälfte der kostbaren Zeit, die er dem Staat verkaufte, auf Luxus des Umgangs und Faseleien verwenden. Nun sage noch einer, der Luxus sei keine notwendig anerkannte Macht im Staate. – Da dieser teuer bezahlte Posten derlei Obliegenheiten hat! – Und was bezahlt man nun schon im voraus aus der Staatskasse? – vielleicht den Untergang der nächsten Epoche, denn erstens ist eine Verpflichtung für das Staatswesen durchaus nur mit konzentrierten moralischen Kräften zu lösen, und zwar mit immer sich steigernder Gewissenhaftigkeit, mit immer sich entwikkelnder Anerkennung der entwickelteren und daher in höhere Ansprüche tretenden Geisteskräfte und Regsamkeit der daraus entspringenden Vermögenheiten des Volkes. – Das Individuum, was keiner Pflege mehr benötigt ist, muß durchaus freigelassen werden. Da konnte man behaupten, es ginge auf eine totale Emanzipation des Volkes los. – Und dies könne nicht zugegeben werden, da die Reibungen der gegenseitig sich beteiligenden Interessen alle eine gemeinsame Grenze in dem Gesetz finden müssen! – Ja, es giebt ein Gesetz auch für die den Moment der Bildungsepoche ganz umfassende Freiheitskraft! – Es ist eben die, welche wieder aus einem gehobnen Zustand der gemeinsamen Bildung entspringt. Wir haben die Unendlichkeit der Stufenleiter der Staatsbildung. Eine höhere Stufe zu ersteigen, das ist die Verpflichtung eines jeden, dem die Leitung des Ganzen anvertraut ist. Sie kann nur in der möglichen Hebung des leidenden Teiles liegen, nur in der Sorge für die gesunde Nahrung und Vorbereitung der in der Zukunft notwendig auftretenden Kräfte. Denn wenn für diese nicht gesorgt wird, wenn sie im Gegenteil sollte zurückgehalten, verkrüppelt, geleugnet oder gar durch Nichtachtung vernichtet werden.

Die Arbeiter, wenn sie in der Fabrik bleiben, wann haben sie je den geringsten Vorteil von der Anwendung einer neuen Erfindung geerntet, während doch sogar die Gesamtheit Gewinn aus den bequemeren d. i. wohlfeileren Produktionen zieht. – Und den austretenden durch die Maschine verdrängten Arbeitern keine Arbeit vom Staat geboten wird.

Wie die Sachen gegenwärtig stehen, erweitert jede neue Maschine die Kluft zwischen menschlicher Arbeit und armseliger Tätigkeit. Sie lichtet die Reihen der beschäftigten Arbeiter, vergrößert die der Brotlosen. In jeder Maschine gewinnt der Kapitalist eine neue Überlegenheit, sich vom Arbeiter unabhängig zu erklären, ihn unter seine Füße zu treten. Weil der Staat sich um das alles nicht kümmert, zufrieden damit, daß aus der neuen vereinfachteren vermehrten verwohlfeilerten Produktion *Reichtum* entstehe und ganz gleichgültig dagegen, wie diese verteilt sei. Darum sind neue Erfindungen ein Unglück, die vielmehr eine Erleichterung sollten sein für die Menschheit. Und es bleibt dem

Armen, von jeder Seite Aufgegebnen nichts übrig als Bettler zu werden[23].

So geht augenscheinlich ein starker Zuwachs des Pauperismus aus der Geringschätzung der menschlichen Kräfte hervor. Aus der Geringschätzung ihrer Verwendung bei der Arbeit. Wollte der Staat hier helfend und rettend ins Mittel treten pp, es würden dann noch mehr Erfindungen ins Leben treten und weit mehr Kräfte in Schwung gesetzt[24].

Das Prinzip: *Alles gilt was es gelten kann* spräche als moralisches Prinzip gebraucht den trostlosen gewaltsamen moralischen Indifferentismus aus. Nein, es gilt nicht alles, was es gelten könnte und sollte. Wer durch sein Wort, mit seiner Tat nicht an der vergänglichen unschönen und kummervollen sondern an der ewigen idealen Welt fortbauen möchte[25], der frägt bei Bestimmung des Wertes der Dinge nicht nach den kurrenten Preisen, welche Egoismus und Gewalt gestellt, Not und Ohnmacht angenommen, lange Gewohnheit zu feststehenden gestempelt, der würdigt die Geltung der Dinge nach Vernunftgründen.

Die Kapitalien sind auch Arbeit, früher gemachte, in verschiednen Kapitalien in verschiednen Formen niedergelegt, um durch Berührung mit Menschengeist und Menschenkraft neu belebt später wieder aufzutreten, und so eine Art von Unsterblichkeit zu behaupten. Aber deswegen kann dieser in Kapitalien niedergelegten Arbeit nicht das Recht zugestanden werden, über

23 *als Bettler zu werden* Svederus: »als Bettler zu werden oder Verbrecher.«
24 *Wollte der Staat... in Schwung gesetzt* ohne Entsprechung bei Svederus
25 *Wer durch sein Wort,... fortbauen möchte* Svederus: »Wer an der lebendig sich regenden idealen Welt fortbaut...«

alles, was ihr noch von in voller Tätigkeit begriffner Arbeit entgegenkommt eine unumschränkte Herrschaft auszuüben. Sollte Streit zwischen der früher gemachten (Kapital) und der in Tätigkeit begriffnen Arbeit entstehen und keine billige Vermittlung mehr möglich sein, dann muß die Arbeit, welche schon in Kapitalien steht, nachgeben zugunsten der, welche in lebenden Menschen mit dem vollen Inhalt geistiger Ansprüche im Schwunge ist.

Ein solcher Streit ist aber keineswegs der, welcher gegenwärtig über dies Verhältnis laut wird; er ist weit entfernt, ein Prinzipienstreit zu sein. Sein Grund ist, daß der Gewaltinhaber, die Gewalt in Händen habend, nicht aufgeben will. Der Kapitalist weiß, daß, wie gegenwärtig die Sachen stehen, der Arbeiter nur durch Hingebung seiner Tätigkeit etwas von dem Kapitale erlangen kann, nämlich eine notgedrungne, um sein Leben zu fristen. Das kann keiner leugnen, daß dieser Kapitalisten-Despotismus der abscheulichste ist. – Verbündet mit der Not und durch ihre aushungernde Macht seines Sieges gewiß tritt er übermütig den größeren Teil der Menschheit in den Staub. Der Streit zwischen alter Arbeit und der in Tätigkeit begriffnen[26], kann, selbst unter den gegenwärtigen Verhältnissen, nicht vor den Gerichtshöfen geschlichtet werden. Was in der Idee der gerechten Ansprüche liegt, das muß seine Bestätigung finden; und wenn weder die eine noch die andre Partei nachgeben konnte, so mußte die Produktion selbst die Vermittlung übernehmen, und zwar in der Weise, daß die Konsumenten das vergüten,

26 *Der Streit... begriffnen* Svederus: »Der Zwiespalt des Kapitalisten und des tätigen Arbeiters...«

was zu vergütigen blieb. Die Preise geben das Mittel zur Entschädigung.

Preise haben nie eine so zauberische Eigenschaft gehabt, als seitdem der Industrialismus anfängt, die Menschheit auszubeuten. Von der Zeit ab ist alles getan, um die Preise herabzusetzen. Nicht um der Menschheit damit einen Dienst zu leisten, ihr mit leichterer Befriedigung ihrer Bedürfnisse aufzuwarten, – sondern um den Kreis möglichen Absatzes zu erweitern, um auf der Bahn einer an sich zwecklosen Produktion immer weiter fortzuschreiten. Wie die Hauptabsicht aus keinem moralischen Prinzip hervorgeht, ebenso werden auch die Nebenbedingungen und Folgen wie auch die Mittel unmoralisch sein. Die Waren werden schlechter, die Außenseite stellt man so vollkommen als möglich dar, ein geringerer Wert, mit trügerisch anlockendem Schein, – womit um so sicherer der Preis dafür erlauert wird.

Die niedrigen Preise sind Verführer und wirken nicht unbedeutend ein auf die Entwicklung der Genußsucht[27]. (Dies kann bei einem Ministerium für die Armen vermieden werden, wo wirklich nur gute Waren zu angemeßnen Preisen geliefert werden, und der Kaufmann muß gezwungen werden, eben so gute Ware zu liefern.)[28] Die Schändlichkeit[29] dieses Preisherabsetzens, daß es aus dem Streben hervorgeht, auf Kosten der Arbeit die industrialistische grenzenlose

27 *Die niedrigen Preise… Genußsucht* Svederus: »Die niedrigen Preise sind Verführer und wirken nicht unbedeutend mit ein auf die Verwickelung des Haushaltens.«

28 *(Dies kann… zu liefern.)* Dieser Satz hat keine Entsprechung bei Svederus. Er ist nicht nur eingeklammert, sondern umrandet, vermutlich, weil er einen Absatz für sich ergeben sollte.

29 *Schändlichkeit* Svederus: »Schädlichkeit«

Produktion zu fördern. Durch Erhöhung der Preise wird es möglich, der Arbeit einen höheren Ertrag zu gewähren. Wie aber sich die Verhältnisse jetzt gestaltet haben, würde der Arbeiter nichts vom Ertrag der erhöhten Preise erlangen. Das kann nur dadurch geschehen, daß ihm für seinen Anteil an der Produktion ein gerechter Anteil am Gewinn zuerkannt werde.

Die Preise können sich nur im Verhältnis des Angebots zur Konsumption im Allgemeinen bestimmen. So lang man sich bemüht, in unnatürlichem Maße zu produzieren, das heißt die Waren nicht nach tatsächlichen vorhandnen oder möglichen Konsumptionswaren feilbieten, so lange müssen die Preise an sich immer mehr fallen. Was dabei die Konsumenten gewinnen, das gewinnen sie auf ungerechte Weise, auf Kosten des nur halbbezahlten Arbeiters. Und wir sehen, daß die Konsumenten auf einen ihre Mittel übersteigenden Verbrauch, auf der andern Seite die Armut des eigentlichen Produzenten nur steigert[30]! – Wie konnten diese verderblichen Verhältnisse hervorgehen aus einer Zeit, die sich an Einsicht, Scharfblick und politischer Bildung auf dem Gipfel glaubt[31]. Der auf Ungerechtigkeit beruhende aus der Verarmung rings umher gezogne Gewinn, der unter Produzenten und Konsumenten bloß auf den Kapitalisten fällt, ist als Ungerechtigkeit schon ein großes Unglück, ein Verderben, und an die-

30 *Und wir sehen … nur steigert!* Svederus: »… die niedrigen Preise verleiten die Konsumenten zu einem ihre Mittel übersteigenden Verbrauch, also zu Verarmung, während eben dieser Verbrauch auf der andern Seite die Armut des eigentlichen Produzenten nur steigert, …«

31 *Wie konnten … glaubt* Svederus: »wie war es möglich, die natürlichen Verhältnisse so zu verdrehn, in einer Zeit, der es nicht an politischer Bildung fehlt?«

sem moralischen Unglück hat denn der scheinbar Glückliche den größten Anteil. Wollte man eine unbegrenzte Herabsetzung der Preise aus dem Grunde verteidigen, weil sie den Kreis der Konsumptionsfähigen weit über die arithmetische Progression der Preiserniedrigung erweitere, so müßte man aus demselben Grunde des äußern einseitigen Vorteils auch den Diebstahl gut und nützlich heißen. Wollte man behaupten, Diebstahl sei nicht zu gestatten, weil er dem Ganzen durch Verletzung des Grundsatzes des Eigentums schadet, so ist hier grade die förmliche Suspensation des Eigentumsrechtes, liegt der Genehmigung unbegrenzt herabgesetzer Preise zu Grunde[32].

In diesem Auszug folgt Bettina in allem, was sich auf Arbeiter, Kapital, Preise, Verbrauch etc. bezieht, ziemlich wörtlich ihrer Vorlage. Wo sie vom Text abweicht, läßt sie meistens ein paar Sätze aus. Dadurch wird ihr eigener Text straffer und weniger schwerfällig, oft aber auch unklarer, da sie in der Verkürzung die syntaktischen Verhältnisse stört. An den Stellen, wo sie die Vorlage ganz verläßt, wird der Text unverkennbar bettinisch. Der poetisch zwar anerkannte, aber sonst »hundsvöttisch« behandelte Ackerbau bringt einen persönlichen Ton in die sonst objektive Untersuchung. Ebenso ihr Lieblingsgedanke vom Armenministerium.

32 *wollte man behaupten... zu Grunde* Svederus: »Mit gutem Gewissen würde man unter den gegenwärtigen Verhältnissen die Behauptung nicht durchführen können, daß ein Unterschied da wäre und daß der Diebstahl dem Ganzen durch Verletzung des Eigentumsrechtes schadet, denn gerade die förmliche Suspensation des Eigentumsrechtes liegt der Genehmigung unbegrenzt herabgesetzter Preise zu Grunde.«

Ganz besonders aber dort, wo sie sich sichtlich von den Strapazen volkswirtschaftlicher Theorien erholt und mit Lust den Ministern am Zeuge flickt und dem Herrscher ins Gewissen redet.
Man kann mit Sicherheit annehmen, daß Bettina diesen Auszug anfertigte, bevor sie noch wußte, was nun mit dem unvollendeten Manuskript von Svederus geschehen sollte, und daß sie vorhatte, diesen Text dann selber für ihr Nachwort zu verwenden. Nach dem Erscheinen des Buches »Industrialismus und Armuth« wäre das dann ja unmöglich geworden. Daß sie sich in den konkreteren Fragen über das Armenwesen oft von Svederus leiten ließ, geht aus den später mitzuteilenden Texten Bettinas hervor.
Ein anderes Manuskript, dem man den Titel »Arbeit« geben könnte, gehört in diesen Zusammenhang. Bettina hat es mit großer sehr freier Schrift geschrieben, wie sie sie in ihren anderen Aufsätzen nie benutzt. Es finden sich auch, entgegen ihrer sonstigen Arbeitsweise, fast gar keine Korrekturen und Streichungen darin. Auch trägt der Text nicht eigentlich die Merkmale von Bettinas Stil. Aus Svederus aber stammt er nicht.

»Arbeit«

Arbeit! –
Armut unter dem Schutz der Arbeiter!
Ausbreitung der Macht, welche in den Arbeitskräften liegt, die schwere Frage der einreißenden Armut allein aufzulösen durch Veredlung der Arbeiter in ihrer

Uneigennützigkeit, Selbstverleugnung, ihr Mut, die Zukunft durch eigne Kräfte zu bewältigen, hebt dies Vermächtnis des Elends, was sich mit jedem Tag vermehrt. Kraft, Heldencharakter zu entwickeln in dem Besitzlosen. Jeden Besitzenden verzehrt der eigne Besitz. Der, dessen Kräfte des Geistes alle in Tätigkeit sind, duldet nicht den Besitz in sich. Seine Wirksamkeit ist sein Besitz, je ausgebreiteter, je mehr verwebt diese sich in Allgemeines oder in Fremdes, je mehr auch fühlt er seine Wirksamkeit außer sich, je mehr fühlt er sich dem Allgemeinen angeeignet, je größer sein Besitztum. Also in der um- und eingreifenden Wirksamkeit liegt Besitz. In der Fühlbarkeit der eignen Wirkung im Gesamtbetrieb, im Gesamtbedürfnis liegt der Reichtum, der Besitz des Arbeiters!

Was ist Kraft, wenn sie nicht wirkend ist? –

Wir hatten alles verloren durch die Beschränkung der menschlichen Kraft! – und ließens denen entgelten, die wir ihrer Vermögenheit, uns alles zu erwerben, durch falsche Gesetze beraubten? –

Verbrecher, ihre Behandlung, ihre Pflege, ihre Wiederherstellung gehört teilweise den Arbeitern! ist er natürlich unterworfen[33]. Organisierung der Schulen gehört denen, die derselben bedürfen. Staatsökonomie! – Nämlich Verbrauch der Stoffe und Anwendung derselben! – Korn und Nahrungs-Stoffe, Kleidungs-Stoffe gehört in den Kreis, der ihn verarbeitet! – er hat zu sorgen, daß das Unwesentliche im Luxus des guten[34] Lebensgenusses, nämlich dem Gutleben, untergeord-

33 *ist er… unterworfen* wohl nachträglich eingefügt

34 *zu sorgen… im Luxus des guten* über dieser Zeile *Kornspeicher gehört dem Armen. Er weiß, wie wichtig! Der Reiche schätzt nicht das Brot, aber den Wucher damit*

net bleibe, dessen Wirksamkeit näher in die Natur des Menschen eingreift, welches als würdig dem Nützlichen vorgeht, sowie das Nützliche wieder dem Angenehmen vorgehen muß! Auch dies gehört in die Rubrik des Arbeiter-Weltbürgers, sein Geist muß für das Gesetz geschärft werden, was unmittelbar seinem eignen Gewissen entspringt! –

Ob diese grammatikalisch kaum verbundenen Stichworte nach einem Gespräch rasch aufs Papier geworfen wurden, um sie nicht zu vergessen?

III Bettina und der König von Preußen

Die nächsten Texte, die zu diesem Material gehören und alle eigenhändig von Bettina geschrieben sind, sind wohl im großen ganzen ihr eigenes Gut.

»Auszug aus der Breslauer Zeitung«

Auszug aus der Breslauer Zeitung von 18ten November 1843 Beil: N 272.
»Zustand der Kasematten, in denen Männer, Frauen und Kinder, als Invalid-Krieger der Armut, waffen- und mittellos, vergeblich sich gegen Hunger, Blöße und Frost verschanzen. Ihr Versteck unbewohnbar, wenn nicht die Not, die Eisen bricht, es möglich machte. Fußboden von Mauerziegel, eingebrochen, voll tiefer Gruben, Fenster mit Papier verklebt, Ofen mit vielen Rissen, die Röhren ganz durchlöchert, Türe mangelt, das Feuern ist unmöglich. Ist die Ofenröhre ganz, so ist der Rauch erstickend. Die Augen gehen Euch über, die Insassen weinen, vor Rauch? – Nein, vor Hunger und Frost. – In Lumpen nur zum Teil gehüllt, wenig, oft gar nichts zum Schutz der Füße auf kaltem Ziegelstein, in kalten Stuben, wie sollten sie nicht frieren? – Die Lagerstätte etwas dumpfiges Stroh, ein Stück Leinwand zum Zudecken, das ist alles, worauf und worunter diese Leute liegen, um sich zu erholen von schwerer Arbeit und Frost, – fragt nach ihrem Verdienst, nach monatlicher Unterstützung, Ihr wer-

det erstaunen, wie wenig der Mensch bedarf, um nicht zu verhungern. Die Stube ist Wasch- und Trockenplatz zugleich, von 9 bis 13 Kindern und 5 bis 7 Erwachsnen bewohnt, die schlechte Atmosphäre dieser Wohnlöcher und die noch schlechtere Nahrung besiegt alle Gesundheitsanlage, erzeugt Skrophel, eine ganze Generation wird zu elenden Krüppeln. Gesunder Leib, einzig Gut der Armen, schnöderweise durch die vom Staat ihm angewiesne Wohnung untergraben.«

Als man rief: die Cholera kommt! – war der ganze Staat in Alarm, und traf jede Vorkehrung gegen ihr Verbreiten. Damals waren auf Momente Arm und Reich, aber doch nur wie der Zufall sie wählte, gleicher Gefahr ausgesetzt, jetzt nur die Armen, aber fort und fort, aber Alle, aber an Leib und Seele, aus einem Abgrund in den andern. Viele Stimmen rufen um Hülfe, der flehenden Ohnmacht ist nicht auszuweichen. Aber, fragt der Staat: ist es wahr? – Ja es ist wahr! – Aber der gefragt wird, und 10 Schritte nur vom Elend wohnt, der sagt *wie könnte es wahr sein? – Die Steuern sind eingegangen, ohne beigetrieben zu werden.*

»Roheit, Unwissenheit und Verderbtheit gehen hervor aus so schauderhaftem Elend, und zerrütten mit Wort und Tat die jungen Herzen. In jener Ecke ein Knabe und ein Mädchen, die Mutter ist tot, der Vater Tagelöhner, dem Trunk ergeben, kümmert sich nicht um sie. Beide Geschwister vom Ungeziefer überschüttet, der eine barfuß, der andre ohne Hemd, was sie umhängen haben sind Fetzen. Sie sind resp: 8 und 10 Jahr alt. Keiner sorgt für sie, so gehen sie bettlen, sie werden auch stehlen. – Aber Schule und Religion? – Die Religion des Hungers ist Essen, sei es erarbeitet, erbettelt oder gestohlen. Die Schule hat keine Zauberkräfte gegen die nachteiligsten Einflüsse aller Art, sie führen ins Zuchthaus.«

Warum ist das Zuchthaus der verworfenste Ort des Verderbens? Warum nicht eine Schule der Restauration aller durch das Elend zerrütteten sittlichen Kräfte? – Ist der Begriff so schwer zu fassen vom Naturgemäßen, von dem, was menschlicher Entwicklung am nötigsten, um die Gemüter der Verworfenheit zu entlasten? und die Vorurteile, die Usurpation der Gesellschaft, die Verkehrtheit der Regierung, ihr Mißverstehen menschlicher Fähigkeiten ins Licht zu stellen, ist das nicht möglich? Noch auch, wie diese Fähigkeiten ins Ganze eingreifen und in die Zukunft zu wirken haben dadurch, daß sie die durchs Elend, der ungerechten Gerechtigkeit verfallne Menschheit wieder zu einem reinen freien unschuldigen Geschlecht erhebe.

Laßt sie denn verfallen diese Generationen, alle aus dem Geschlecht Eurer Ahnen entsprungen wie Ihr, Eure Zeitgenossen! Wen können sie anklagen als nur Euch, ihre Zeitgenossen, denen ihr Glücksstand zur Bedingung machte, andre in den Abgrund zu stürzen, um über ihnen zu stehen, die zwar ihrem Elend gesteuert wissen will, aber nicht unabhängig von Euch, sie erheben zu gleichem Rang der Freiheit und Bildung die einst tief unter Euch standen! – Aber Glücksgüter und Vorrechte nivellieren, damit jeder ein Genüge habe, das wollt Ihr nicht. Denn was sind Vorrechte, was sind gehäufte Glücksgüter? – Sie bilden den Abgrund eben des Elendes, der ihre hervorragende Höhe bildet. – Im Herzen, im Geiste des Reichen sieht es aus, wie in jenen Kasematten, wie in jenem Abgrund der Versunkenheit einer ganzen Generation, besser nicht. Die Bildung der höhern Gesellschaft sind eben solche Zuchthäuser des Geistes und des Herzens, wo der Hochmut Wurzel in Euch schlägt, wie dort die Frechheit; wo der Luxus Euch ein Bedürfnis wird, wie dort die Lüderlichkeit; wo das verkehrte Urteil über Menschenrechte unaustilgbar Euch durchwuchert, wie dort die Raubsucht; wo Spekulation, Berechnung und Verheimlichung der Zwecke betrieben werden, wie dort List und Betrügerei. Wo Ihr durch Vorrechte triumphierend über die Versunkenheit Euch erhebt mit Gewalten der Usurpation, welche die Erniedrigung jener Menschenklasse tiefer und tiefer abgraben. – Ja diesem ist in der Klasse der Ausgestoßnen kein Gegengewicht zu finden, wenn es nicht ist, daß dies verwerfende Taxieren des Elendes, und die überrumpelnden Schicksalsschläge, die sie betreffen, an denen kein Befreundeter teilnimmt, gegen die kein Staatsschutz sie sichert, diese Losgerissenheit von jedem menschlichen Verband sie endlich so abhärtet, daß sie für den Jammer kein Gefühl mehr haben. Die Naturstimme ertötet, Gleichgültigkeit gegen ihr eignes Fleisch und Blut, die ärgste und gewaltigste Zerrissenheit aller menschlichen Bande. – Ungefähr gleich mit der Notiz, die mir heute zugeschickt wurde, »Langenbielau, 25ten April 1844. Gestern Nachmittag hat der hiesige Weber und Landwehroffizier, Wilhelm Krause, in Abwesenheit seiner Frau, sein zweijähriges Kind durch Zuhalten des Halses erwürgt und sich dann selbst aufgehängt. Nahrungslosigkeit machte den Unglücklichen zum Verbrecher.« *Ich möchte nicht König von Preußen sein!* stand unter dieser Notiz. *Ich aber möchte der sein,* denn welche Fülle des Genusses

strömt hier meinem kurzen Menschenleben zu, in einer Tätigkeit immer neuer Erfahrungen, durch die wichtigen Lebenspflichten zur höchsten Wirksamkeit gesteigert. Alle gefährlichsten Abgründe bei steter Übung des Geistes und Verstandes leicht und sicher übersprungen. Wie viel Überraschendes, wie viel Kühnes hätte ich da nicht zu tun.
Aber wie tröste ich mich doch, daß ich der nicht bin? – Wo so Großes durch mich könnte bewirkt werden. Wo ich könnte den bösen Zauber von der Welt heben und die Fundamente legen eines Paradieses, weit größer und gewaltiger und himmelerreichender als alle Mächte.

Die Gedanken über Gefängnisreform waren ihr schon seit den dreißiger Jahren und ihrem freundschaftlichen Verkehr mit Dr. N.-H. Julius vertraut.
Der folgende Text steht auf einem beiderseitig beschriebenen Blatt und ist durch drei seitenbreite Striche in vier Abschnitte geteilt.

Es giebt Wissenschaften, die eben so sehr vom Charakter wie vom Geist abhängen. Zu denen gehören die großen Könige, die zuerst alten Irrtümern abschworen und die allgemeine Gerechtigkeit den mörderischen Verbindungen, Zusammenstellungen einzelner Körperschaften gegen das Nationalinteresse vorzogen.
Es wäre ein Wunder, wären diese die Verteidiger der Menschlichkeit. Denn wenn vom ausschließenden Gebrauche der Vernunft die Rede ist, so ist dieser nicht ihr Vorrecht.

Ungebildet, unmündig werden sie erklärt, weil sie zu bescheiden sind, sie fordern nicht wie die Bevorrechteten. Zeigt dies aber nicht vielmehr von Seelenbildung, von erhabnen Charakteranlagen? Und ist das Vorrecht, freches Ansichreißen und ohne Beschämung sich dessen zum Nachteil der Übervorteilten bedienen nicht ein Beweis von Roheit! Wo bleibt da die Bildung der höheren Stände? –
Die blinden Begebenheiten, die noch blinderen schlechten Gesetze haben sich gegen die Menge verschworen, sie ist enterbt! Wollt Ihr auch noch ihr letztes Übriges ihr entreißen; ihre Ausdauer, Sorge für ihre Bedürfnisse unfruchtbar machen?
Staatsverwalter von alltäglichem Schlag gewöhnen sich daran, wenn erst die Volksmenge erniedrigt ist – ihn ganz aus den Augen zu lassen, sie verachten ganz treuherzig ein Volk, das nur durch ihre Verbrechen verächtlich erniedrigt werden konnte. Ihr Zorn wacht über dem Volk – ihre Zärtlichkeit über dem Bevorrechteten.
Armut. Mangel an Einfluß – dadurch: Mangel an Verstand, dadurch Irrtum in den Mitteln sich zu ernähren, wie auch wird der Staat dadurch unfähig zu ermitteln, wodurch zu helfen. Armut! Ihr einziger Endzweck ist stets Verbesserung ihres Zustands und kann die persönliche Emsigkeit nicht auf (schicklichen) ratsamen Wegen fortkommen, so schlägt sie falsche Pfade ein. Des Volkes einzig notgedrungner Zweck ist Verbesserung seines Zustands. Wie sollte es nicht egoistisch werden müssen? Um sein Auskommen zu finden, ist die fähigste Klasse des Bürgerstandes gezwungen, Schmeichelei zu üben und dem Dienst mächtiger

Männer sich zu widmen, eine zwar weniger ehrenvolle Erziehungsart, die aber nicht minder wirksam ist. –

Die Armen sollen an öffentlichen Angelegenheiten Anteil nehmen, um frei zum Besten des Gemeinschaftlichen stimmen zu können. Dann läßt sich hoffen, der Gesetzgeber werde inskünftige über das, was der Vorteil des Ackerbaus, was der Bürgersinn und die öffentliche Wohlfahrt verlangt, richtigere Begriffe bekommen, er werde endlich aufhören, rauhes fiskalisches Regiment und Handhaben der Regierung zu verwechseln! –

Auch ist das Volk schon gewohnt, bei seinem Murren den Monarchen von den eigentlichen Gewaltsinhabern zu unterscheiden. Es hat stets den Herrscher als einen so ausgemacht hintergangnen Mann angesehen, und der inmitten seines allmächtigen Hofes so ganz ohne Verteidigung ist, daß es nie daran denkt, alles Böse dir zu[zu]schreiben, was unter deinem Namen geschieht. Sollte dies uns nicht endlich über das, was in diesem Augenblick vorgeht, die Augen öffnen? *Daß alles Absolute gegen Vernunft, Gerechtigkeit, gegen Volk und seinen König kämpft.* Wozu also soll das dem Volk helfen, daß es Anteil habe an den Kammern, seine Vertreter habe, wenn das dem seinigen entgegenstehende Interesse das Übergewicht hat? – Es würde nur durch seine Gegenwart die Unterdrückung heiligen, deren ewiges Schlachtopfer es wär.

Außer dieser seelenherabwürdigenden ist der Einfluß des Eigentums in Rechnung zu bringen und dies ist ein natürlicher Einfluß. Den leugne ich nicht: Sorge, daß Du das Eigentum werdest des Volks, um mit Dir den

Übermut der Bevorrechteten zu bekämpfen, im Schach zu halten.
Der Vorteil der Freiheit liegt in ihrer Befähigung des Seelenadels, denn sie bevorrechtet nur diesen und zwar nur zur Beglückung der Menschen. – Um also dem Volk zu gehören, muß kein Vorrecht das Deine sein, es darf dich nicht beflecken, oder du mußt dich augenblicklich vollständig davon reinigen. – Bei dem König nenne ich das Vorrecht Willkür.
Physisches Elend war ihnen nicht natürliche Folge dieses Triebs der Kultur. Warum reizt die Kultur Bedürfnisse, die die Quellen alles physischen Elends sind[35]?

Die Armen sollen an öffentlichen Angelegenheiten Anteil nehmen können, dann wird der Gesetzgeber inskünftige über Bürgersinn und die öffentliche Wohlfahrt richtigere Begriffe bekommen.
Da die Armen ein 4ter und zwar der größte Stand sind, warum werden sie nicht durch Deputierte vertreten?
Der Bürgerstand die Hälfte der Abgaben – Der Arme alles, denn sie leben und arbeiten nur, um die Abgaben zu zahlen. Das ist das Wahrzeichen der Armut, wenn alles, was Arbeit erübrigt, dem Staat als Abgabe zufällt; Gewerbschein, Mietsabgabe.
Alle Interessen der drei Stände müssen dem Interesse dieses 4ten Stands weichen. Städte haben Eigentum,

35 Dieser Satz ist ein deutliches Echo aus Svederus. In der »Vierten Ursache der Armut« behandelt er diese künstlich geschaffnen Bedürfnisse als Quelle der Armut und sagt z.B. auf S. 90: »Werden nun gar Bedürfnisse hervorgerufen, die nicht schon in der Natur des Individuums liegen, aber den quälenden Drang der natürlichen an sich haben, wie bitter muß nicht die Armut sein, welche aus der Erzeugung solcher Bedürfnisse aufwächst?« Überhaupt ließe sich auf diesen Seiten der Einfluß von Svederus vielfach feststellen.

das Land hat Eigentum. Herrscher haben Eigentum und befinden sich wohl dabei. Warum hat die Armut kein Eigentum?
Arme, die ihrer Rechte entsagten, sind Bürger, die zu schwach geworden, sie zu behaupten. Nur da kann man Bürgschaft für die öffentliche Freiheit finden, wo die wahre Kraft ist. Wir sind nicht im Stande, anders als mit dem Volk und durch das Volk frei zu werden (Dir zu helfen). Es ist eine falsche Idee, wenn man zwischen Volk und Regierung einen Kontrakt machen will. Eine Nation macht keinen Vertrag mit ihren Mandatarien, sie kommittiert sie zur Ausübung ihrer Vollmacht.

Diese Texte, so wie auch die folgenden, die aus ihnen erwuchsen, werden Bettina unter der Hand zu Briefen an den König. Sicher sollten sie zu einem großen Nachwort im Armenbuch verwendet werden. Wir erleben hier, wie Bettina, noch etwas tastend, anfängt, jenen beschwörenden Ton auszubilden, in dem der Dämon mit dem schlafenden König spricht. Erst 1852 ließ Bettina ihre »Gespräche mit Dämonen. Des Königsbuches zweiter Band« erscheinen, in dem sie dann Gedanken und Motive aus diesen Vorarbeiten verwendet. In gewissem Sinne ersetzt dieses spätere Buch das nicht zur Vollendung gediehene Armenbuch, und von ihm her fällt ein Licht auf das ganze merkwürdige Unternehmen.
Zwei große, von ihr als Mythos erlebte Begegnungen hat Bettina gehabt: Goethe und Friedrich Wilhelm IV. Diese beiden Erlebnisse gewährten ihr, was sonst einem Menschen in neuerer Zeit nicht vergönnt ist: den

Gott unmittelbar auf Erden als Vater, Freund, Geliebten und Gefährten zu haben, eine ungeheuerliche Begebenheit, die Bettinas ganze ablehnende Stellung zum Christentum erklärt (was sollten ihr Clemens' Wunderberichte, da sie in direkter Erschütterung dem Gotte begegnet war?). Bettinas Gotteserschaffung wirft ein gradezu paradigmatisches Licht auf jede Entstehung göttlicher Mythologeme im Altertum. Daneben erscheinen alle andern wichtigen Begegnungen, die mit Clemens, Arnim, Schleiermacher, Pückler, menschlich und nur als Ausstrahlung des hohen Einzigartigen, des »Anderen«.

So hat denn Bettinas Leben zwei deutliche Phasen: die Goethephase und die Königsphase. Das zweite Erlebnis freilich ist schwächer und deshalb forcierter, aufgeregter und substanzärmer, wie das bei Wiederholungen nicht anders sein kann. Aber es bleibt Glut und Bezauberung genug, um auch diesmal den Mythos voll auszugestalten.

Jahrelang vermied es Bettina, dem Prinzen und späteren König persönlich zu begegnen. Sie schickt ihm die großen Träume, die sie über ihn hat; sie will ungesehen, wie eine gottestrunkene Sibylle, um ihn sein und ihm ihre Eingebungen zuflüstern. Ja, als der König einmal im Theater erfuhr, daß die sonderbare Frau, mit der er schon so viele Briefe gewechselt hatte, in einer Loge war, öffnete er kurzerhand die Tür, und Bettina versteckte sich rasch hinter einem Pfeiler. Ihre Töchter, die bei Hofe verkehrten, zankten sie aus. Sie verstanden nicht, konnten nicht verstehen, daß dies weder Koketterie noch Furcht war, sondern ihr notwendig, um als ungesehene Geisteskraft, als entmaterialisierter

Schöpfungshauch, weiterbestehen zu können. Welches Spiel sie betreibt mit der dann doch stattfindenden Begegnung! Man kann das Datum kaum feststellen, da sie auch noch nachher immer darauf beharrt, dem König nie begegnet zu sein. So wie sie sich in ihrem Goethemonument als geflügelte Psyche zu Füßen des Gottes dargestellt hatte, die ihm die Saiten der Leier zum Tönen bringt (hatte er doch aus einigen ihrer Briefe Sonette gemacht), so will sie nun als Dämon, Genius, Sibylle am Fuße des Thrones stehn. In den später mitzuteilenden Texten spricht sie die Gleichung zwischen König und Gottvater deutlich aus und erstrebt für sich die Rolle des »guten Genius«, der von den Übelwollenden der »überspannten Ideen« (dies war ein Klischee für Bettinas Art) geziehen wird. Die vielen Enttäuschungen und Zurückweisungen, die sie vom König (wie früher von Goethe) erfuhr, trägt sie ihm nicht nach. War das nicht von je das Los derer, die Gott selbst in seinen Gnadenschatz aufgenommen hat, der Heiligen, der Vielgeprüften, der besonders Gotterfüllten? So schreibt Bettina noch am 14. Dezember 1844 an den König: »Es war des Königs guter Genius, der den Keim der Liebe zu ihm in mich legte und diesen Keim hab ich nicht erstickt, sondern gepflegt[36].« Ja, noch am 21. Mai 1845 notiert Rudolf Baier in seinem Tagebuch: »Stritt mit der Arnim: ihre Auseinandersetzung über das Bedürfnis des Staats: es war das alte, der König muß die Blüte des Volks sich und in ihm sich sein Bewußtsein konzentrieren; Opposition im jetzigen Sinne mit Unrecht...«[37] Ihr höchster Traum war es,

36 Geiger, op. cit., S. 78
37 Gassen, op. cit., S. 32

daß der König eines Tages das sagen würde, was sie ihn als »schlafenden König« nach einer Rede seines Dämons sagen läßt: »Du hast's so weit gebracht mit mir, daß ich mein Inneres möcht' erforschen, Opfer zu bringen der ganzen Menschheit, nicht allein dem Vaterland[38].«

Es mag uns schwer verständlich erscheinen, wie es Bettinen gelang, bis zum Schluß den König als die Macht des Guten so durchaus von den wirklichen politischen Zuständen abzusondern. Er ist ihr ein Gott ohne Allwissenheit, also wie ein Zeus, den man täuschen konnte, nicht wie der christliche Weltenschöpfer. Nur weil er umstellt ist von gaukelnden und lügnerischen Ratgebern, kann er das Gute nicht vollbringen, zu dessen Erkenntnis er, unter der richtigen Führung, wie kein anderer befähigt wäre. Für diese sonderbare, rein mythologische Ansicht hatte Bettina allerdings wirkliche Gründe. Alle ihre Kämpfe mit Zensur, Polizei, Ministern und Magistrat gingen den König nicht unmittelbar an. Sie konnte, mit einigem Recht, immer das Gefühl behalten, daß der König, als letzte Instanz, schützend vor ihr stand. Der König nahm ja an Bettinas Zueignungen, die es an zeremoniellen Floskeln fehlen ließen, gar keinen Anstoß und mußte sich deren Anstößigkeit erst von seiner Zensurbehörde erklären lassen. Er greift aber schließlich persönlich ein, so daß die Bücher ausdrücklich durch einen persönlichen Gnadenakt des Königs freigegeben werden. Aber auch von Varnhagen und Humboldt wird Bettina in ihrer Auffassung bestärkt worden sein. Am 6. September 1844

38 Bettina von Arnims Sämtliche Werke. Hrsg. von Waldemar Oehlke. Bd. VII, Berlin 1922, S. 92

schreibt Alexander von Humboldt an Varnhagen: »Ein Gefühl, und ein wehmütiges, dringt sich auf, daß ein so hochbegabter Fürst, von den wohlwollendsten Absichten geleitet, eine Frischheit des Gemüts bewahrend, die ihn rastlos antreibt, in der *Richtung* der Staatsbewegung, gegen seinen besten Willen, getäuscht wird[39].« Das ist ganz im Sinne Bettinas. All ihr Dichten und Handeln der späteren Zeit wird nur von diesem Mythologem her verständlich.

Die Begegnung mit Göttern hat für Sterbliche durchaus verwandelnde Kraft, wie wir von Ariadne wissen. So blieb auch Bettina nicht, die sie nach dem Goethe-Erlebnis war. Aus der nackten, geflügelten Psyche ist der Dämon (im griechisch-sokratischen Sinn) geworden, aus dem Kind die Sibylle. Das ist eine wesentliche Verwandlung. In der späten, politisch erregten Bettina noch das »Kind« sehen wollen, hieße sie ganz verkennen. Auch sind Kind und Dämon für Bettina keine willkürlichen Posen, sondern beide sind gleichsam religiöse Existenzformen.

Wenn Bettinas Königsbücher, zu denen also auch das Armenbuch gehört, als echte mythische Erlebnisse gesehen werden, so soll damit nicht ihr leidenschaftliches Eintreten für die Armen und all die vielen Verfolgten, deren sie sich durch Bittschriften annahm, auch nur im geringsten entwertet werden. Sie kann nicht verdächtigt werden, daß es ihr nicht ernst mit ihrem Kampf gegen Unrecht, Unfreiheit und schnüffelnde Staatspolizei gewesen sei, weil sie ihn dazu benutzt, um noch einmal die geheimsten Saiten eines göttlichen

39 Briefe von Alexander von Humboldt an Karl August Varnhagen von Ense, S. 107

Instruments zum Tönen zu bringen und gewissermaßen die ungesehene Mitregentin zu werden.
So wie der Goethe-Mythos auf menschlicher Ebene ausstrahlt und facettiert wird, so hat auch der Königsmythos solche Entsprechungen in Briefen an andere Fürsten. Genau um die gleiche Zeit, da Bettina ihre große Armenbuchepistel an den König entwirft, im Juni 1844, schreibt sie auch an den jungen Erbgroßherzog Carl Alexander von Sachsen-Weimar einen langen Brief (mit Vorentwurf) über den aufwachenden Weltengeist und die Pflichten des Fürsten[40].

40 Unveröffentlicht; Hs im FDH

IV Bettinas Bergpredigt über die Armut

Aus vielen Freundesberichten können wir schließen, daß Bettina im Feuer angeregter Rede so sprach wie sie schrieb; Leopold von Ranke und Rahel, die Brüder Grimm und Rudolf Baier und so mancher andere haben das mit Staunen erfahren. Da mag an dieser Stelle ein Text willkommen sein, der zwar nicht unter den Armenpapieren liegt, aber in dieselbe Zeit und denselben Zusammenhang gehört. Es ist Bettinas »Bergpredigt« über die Armut. Man findet sie in einem noch unveröffentlichten Brief von Julius Döring an Bettina[41]:

Julius Dörings Brief an Bettina

Berlin, d. 24. Januar 1844

Ich wollte Dir nichts als einen Wiederklang, und kann Dir nur eine Paraphrase Deiner Bergpredigt wiedergeben.... Deine Gedanken mit fremder Zutat biet' ich Dir. Es wird Dir ein Leichtes sein, Dein Eigentum herauszufinden und die Spreu vom Korne zu sondern.

Also sprachest Du:

Ich sage euch: Der Reiche hat kein Recht zu geben und die Armen müssen sich nehmen, was ihnen zukommt. Wenn sie dies vernehmen die Reichen, die Mächtigen, die Schriftgelehrten, da werden sie zuerst verstummen

41 Hs im FDH

vor Erstaunen. Und dann werden sie losstürmen mit Fragen: Wie? Was? Wir sollten nicht einmal das Recht haben, den Armen zu geben? Wenn wir gaben, war es nicht aus Gnade, aus Barmherzigkeit? Wir haben nicht einmal eine Pflicht und sollen kein Recht haben, zu geben? – O, wie seid ihr verstockt, ihr Reichen, wie ist euer Herz verhärtet, wie ist eure Seele verschlossen dem Lichte und undurchdringlich gleich einem Steine! Aus Gnade, aus Barmherzigkeit habt ihr gegeben, sagt ihr. Ja, ihr meint, einen Platz im Himmel euch zu erkaufen mit euern Gaben, aber seine Pforten werden euch verschlossen bleiben für nun und immer. – Denn wie gebt ihr? – Ihr werft den Armen eure Almosen hin, wie man einem Hunde einen Brocken zuwirft, und kümmert euch nicht weiter um sie. Ihr steigt nicht hinab zu den Höhlen, wo die Not und das Elend ihr Lager aufgeschlagen haben. Wie solltet ihr auch? Der Höhlendunst, den ihr einatmen müßtet, würde euren Odem verpesten; die hohlen, eingefallenen Gesichter, die ihr sehen würdet, würden euch im Traume erscheinen, und euren Schlaf und eure Verdauung stören; im eigenen, wohlgeheizten Zimmer würde euch frieren, wenn ihr an die Armen dächtet, die barfüßig und zerlumpt der Winterkälte preisgegeben sind. – Und wovon gebt ihr den Armen? Von eurem Mammon! Und woher stammt euer Mammon? Ist er nicht gewonnen durch den Schweiß der Armen, oder hat ihn nicht euch zugebracht und vermehrt euer Geld, ohne daß ihr weder Hände noch Füße geregt habt? Wie also hättet ihr ein Recht, wie könnt ihr zum Verdienst euch anrechnen, wenn ihr den Armen gebt, da ihr zum Teil zurückerstattet, was ganz den Armen gehört! – Ja, das ist die neue Wahrheit, die in die Zeit gekommen ist. Aber diese Wahrheit ist noch unerkannt, gehaßt, geächtet, vogelfrei. Denn noch ist das Heft der Gewalt bei den Reichen und die wehren dieser Wahrheit den Zugang zum Volke. Darum tun sie nichts für den Geist des Volkes und erhalten es in seiner Dummheit. Denn wenn das Volk einsehen lernte die neue Wahrheit; es stände schlecht mit der Herrschaft der Reichen. Aber sie wird kommen diese Zeit, wo, trotz aller List und Aufgebot der Gewalt, die Wahrheit durchdringen und die Herzen des Volkes erfüllen wird; diese Zeit des Volkes, der Armen, und die Herrschaft der Reichen wird zu Ende gehen. Da wird man erkennen, daß die Reichen lebendig tot sind, da wird man sie legen in den steinernen Sarg ihrer Herzen, da wird man sie begraben und all ihren Mammon ihnen mitgeben in den Sarg, da mögen sie wühlen in ihrem Kote. –

Und fragt ihr mich, wann diese Zeit der Verjüngung kommen wird, die ich euch verkünde, und deren Ahnung schon mein Inneres mit Flammen der Begeisterung elektrisch erschüttert, so sag' ich euch, ich weiß es nicht, aber viele Zeichen verkünden, daß sie nicht mehr ferne ist. – Es sind nun beinahe zweitausend Jahre her, als die Welt zum ersten Male das Evangelium der Armen vernahm. Es war ein Mann aus dem Volke, der es predigte und der Mann hieß Christus. Er sagte: Es ist leichter, daß ein Kamel durch ein Nadelöhr gehe, als daß ein Reicher in's Himmelreich komme. Er erzählte eine Parabel vom Armen und Reichen. Da saß, nach dem Tode, der Arme in Abrahams Schoße und der Reiche wurde von den Gluten des höllischen Feuers gepeinigt. Hier auf Erden ließ er alles beim Alten, aber jenseits des Grabes sollte alles anders werden. Im Himmelreiche, verhieß er, sollte der Arme erhöht und der Reiche erniedrigt werden, dort sollte der Arme himmlische Freuden kosten dafür, daß er die irdischen entbehrt hatte; dort sollte er überschwenglichen Lohn empfangen für alles Elend und Kreuz, das er auf Erden hatte tragen müssen. Und dieser einzige, karge Himmelsstrahl der Hoffnung sollte das lange, dunkle Leben des Armen erhellen! Und der einzige Schlüssel zum himmlischen Reiche war der Tod! –

Beinahe zweitausend Jahre sind seitdem verflossen und die Armen haben sich bisher beruhigen und einschläfern lassen von der Aussicht in's Jenseits und von den Schlummerliedern von Engeln mit Lilienstengeln in den Händen, die um ihr Schmerzenslager schwebten. – Aber in den Tiefen der Zeit ist ein neuer Geist geboren und hat sich des sausenden Webestuhles der Geschichte bemächtigt. Zurückgedrängt von der Oberfläche der Erscheinungen, hat er sich finster und grollend in die dunkeln Wesenheiten der Dinge vertieft und geheim aber unablässig wirkend und schaffend, untergräbt er das Bestehende, das in törichte Träume ewiger Dauer sich eingewiegt hat, und zernagt die morschen Stützen, daß es allmählich versinkt und er in der Stille den Leichnam des Scheinlebendigen begraben kann, oder er braust, wo Gewalt ihm entgegengesetzt wird, wie ein Sturmwind aus seinen dunkeln Höhlen hervor, mit des Erdbebens unwiderstehlicher Kraft alles Feste vor sich niederwerfend. – – Ihr Toren, die ihr wähnt, daß Alles, wie es ist, gut und recht und sicher sei; wenn ihr nicht blind wäret und sein wolltet, ihr würdet gewahren, daß der Boden unter euern Füßen schon zu wanken und zu zittern beginnt, wie das Meer, wenn ein Sturm heraufzieht und daß es kein Öl giebt, das diese erregten Fluten zu glätten vermöchte. – – Der Geist der Gegenwart ist der Geist der Wahrheit. Wahrheit und Lüge können nicht friedlich nebeneinander leben. Es ist ein Krieg auf Leben und Tod; die Lüge muß vernichtet, die Täuschung zerstört werden. Die Wahrheit respektiert nichts als sich. Sie schont keine Täuschung, selbst nicht die, die Jahrhunderte alter Glaube mit blendendem Heiligenscheine umkleidet hat. Sie nimmt den Armen ihre letzte Hoffnung und den Reichen ihre letzte Stütze. – Einst wollten heiß-verworrenen Übermutes Titanenkräfte den Himmel stürmen und die Götter stürzen. Berge türmten sie auf Berge; aber Blitze, aus der Höhe niederfahrend, schmetterten sie nieder und die Mächte der Oberwelt fesselten sie zur Strafe ihres Frevels und wälzten Berge über ihr Gefängnis. Der Geist der Gegenwart lächelt über das Beginnen der Vergangenheit. Wenn er den Himmel stürmen will; so sucht er ihn nicht außer sich, er findet ihn nicht in der ahnungsreichen Ferne der blauen Umwölbung, die uns überall weich und still umgiebt. Er blickt empor; da zerfließt des Glaubens Jenseits wie der Nebel zergeht, wenn die Sonne heraufsteigt. In der eigenen Brust findet er, was er sucht. Denn wie die Nacht die Mutter der Götter war; so ist aus des Herzens dunkler Tiefe der Himmel aufgestiegen. Was das Herz sich wünschte, aber nicht erlangte, wonach es hier auf Erden sich vergebens sehnte, das alles sollte ihm zuteil werden jenseits des Grabes und diesen Ort freudiger Erfüllung nannte es den Himmel. So ist also der Himmel das befriedigte Herz und das Herz der Himmel. Und weil das Herz irdisch ist; so ist der Himmel nichts als die idealisierte Erde. Was hier auf Erden sein sollte aber nicht ist, das finden wir im Himmel. – Aber der Himmel ist nichts Wirkliches. – Nun werdet ihr einsehen, warum ich sagte, daß den Armen ihre letzte Hoffnung, den Reichen ihre letzte Stütze genommen sei. – Denkt euch nun, daß die Wahrheit, die ich eben ausgesprochen habe, zu Einem von dem Volke durchgedrungen wäre; würde der nicht sagen: Wenn es also nichts ist mit dem Jenseits, wie könnt ihr euch noch erdreisten, auf jene künftige Ausgleichung uns zu verweisen? Sind unsere Ansprüche nicht anerkannt vom Glauben? Wenn die Hoffnung, die uns nicht verzagen ließ, eine unbegründete ist, mit welchem Rechte könnt ihr fürderhin uns den Anteil an den Gütern dieser Welt versagen? Warum sollten wir hungern und dursten, während ihr im Überflusse schwelgt, mit dem unsrer Hände Arbeit euch überhäuft hat? Sind wir nicht Menschen wie ihr? Haben wir nicht Rechte wie ihr? Muß nicht schon hier eine Ausgleichung zwischen uns vor sich gehen? Ist nicht das Maß der Ungerechtigkeit schon gehäuft voll; soll es noch höher schwellen? Warum emanzipiert ihr die schwarzen Sklaven und ladet das Joch der Sklaverei auf die Schultern freigeborner Weißen? Haben wir nicht einen Geist wie ihr? Warum reicht ihr ihm so spärliche Nahrung? Ist das recht, daß ihr uns die Möglichkeit raubt, die Psyche in uns zu entfalten, daß ihr sie zwingt, Sklavenarbeit zu verrichten, als gemeiner Handlanger irdischer Bedürfnisse? – Und der Staat? Sind wir nicht auch seine Kinder? Warum schließt er uns von sich aus? Warum verstößt er uns und läßt uns allein in der Wüste der

Hülfslosigkeit? – So könnte ein Armer fragen und das Bestehende würde hierauf keine andere Antwort haben als auf die bekannten vier Fragen. –

So deutetest du die Zeichen am Himmel der Gegenwart. Von Deiner Warte aus erkanntest Du das Gewitter, das drohend am Horizonte heraufsteigt. Aber Du meintest, das Bestehende könne es noch beschwören, die dunkeln Wolkenmassen noch zerteilen. – Du wiesest das Ungenügende aller bisher angewendeten Palliativmittel nach. Des Almosengebens. Da erzähltest Du eine Anekdote von Jean Paul. Der habe Freunde bei sich speisen wollen und nichts zu essen gehabt. Da habe er seine Gäste magnetisiert und es sei ihnen vorgekommen als hielten sie eine köstliche, leckere Mahlzeit. Aber als sie aus magnetischem Schlafe erwacht, sei es ihnen gewesen, als hätten sie nichts gegessen und es hungerte sie sehr[42]. Du deutetest auf Armenkolonien hin. Was man bisher den Armen gegeben, müsse als Zinsen eines Kapitals angesehen werden. Dies Kapital sei Eigentum der Armen. Mit diesem Kapitale solle den Armen eine Fabrik oder Grundeigentum erkauft werden, wo sie sich durch Arbeit ihren Unterhalt erwerben könnten. – Du stelltest es als Pflicht des Staates dar, für die Armen eine Zentralbehörde zu gründen. Wie der Staat für die Unmündigen durch Pupillenkollegien sorge; so müsse er die Armen unter die Obhut eines besonderen Armenministerii stellen.

Das ist es, was aus den Wogen, mit welchen Du den verständigen Boden meiner Seele bedeckt hast, an Inseln der Erinnerung mir aufgetaucht ist. –

42 Dies ist die Erzählung »Das große magnetische Gastmahl des Reisemarschalls Worble«, die Jean Paul an das »Zweite Vorkapitel« seines letzten Romans »Der Komet« anschloß.

Julius Döring, Sohn des Stadtgerichtsrats Friedrich Hermann Karl Döring in Wolmirstedt, war von 1837 bis 1839 Student der Rechte an der Universität Berlin. Bettine lernte ihn 1839, gleichzeitig mit Philipp Nathusius, kennen. Sie wählte ihn als Reisebegleiter, als sie im September 1839 zu den Grimms nach Kassel fuhr. Ein leidenschaftlicher, hochfliegender Briefwechsel beginnt, der ursprünglich in den nächsten Briefroman, der 1847 erschien, »Ilius, Pamphilius und die Ambrosia« (also Julius, Philipp und Bettina) hätte verwoben werden sollen. Dann aber entschloß sie sich, die Briefe Dörings und ihre Antworten drauf, die man vielleicht allzu leicht als Liebesbriefe hätte auffassen können, nicht mitaufzunehmen; das Komma des Titels fiel weg und Nathusius erhielt seinen Doppelnamen[43]. Man sieht an den Handschriften, daß Bettina die Briefe für den Roman schon leicht verändert hatte. Anfangs sollte Döring als »Ingurd« erscheinen[44].

Dörings Paraphrase kann natürlich nicht als echte Wiedergabe von Bettinas Worten gelten. Er hat, seinen eigenen poetischen Vorstellungen gemäß, geglättet, wohl auch den biblischen Ton verstärkt und Bettinas Ursprünglichkeit an manchen Stellen verdeckt. Wie anders klingen die Reden, die Bettina der Frau Rat über dasselbe Thema im Königsbuch in den Mund legt (wobei die Frau Rat nur eine Persona Bettinens selbst ist). So läßt sie sie zu dem enggläubigen Pfarrer sprechen:

43 Vgl. hierzu Die Andacht zum Menschenbild, Unbekannte Briefe von Bettine Brentano. Hrsg. von Wilhelm Schellberg und Friedrich Fuchs. Jena 1942, S. 264 ff.

44 Vgl. »Bettina von Arnims Briefe an Julius Döring«, herausg. und erläutert von Werner Vordtriede, Jahrb. d. FDH, 1963, S. 341–488

»Der Geist Gottes wird an euch seinen Schweiß nicht umsonst vergießen, er wird durchdringen, und wird der Schöpfungsgeist mit großem Brausen des *Selbstbewußtseins* eingeströmt kommen;... Freilich kann das nicht als Frucht sich im Menschengeist reifen, wenn der noch so voll dummer Vorurteile gepfropft ist, daß die heilige Natur nichts in ihm vermag. Seid deswegen nicht ungehalten, daß ihr aus jenem Luxustraum in die Not der Wirklichkeit geboren seid, denn Wirklichsein ist grade nur dies, daß der Schöfungsgeist endlich durchgedrungen hat.«[45]

Bettinas Forderung nach einem »Armenministerium« ist bestimmt authentisch. Diesen Gedanken gab sie nie auf. Noch im März 1848 schrieb sie an Pauline Steinhäuser: »Man will ein Arbeiterministerium, ich aber will ein Armenministerium, was einen viel entschiedeneren Charakter hat und ein viel wichtigeres Organ sein würde.«[46]

45 Sämtliche Werke, VI, 181
46 Hilde Wyss, Bettina von Arnims Stellung zwischen der Romantik und dem Jungen Deutschland. Bern 1935, S. 81

V Das große Nachwort zum Armenbuch

Der wichtigste Teil des erhaltenen Armenbuches aber ist der Entwurf eines großen Textes, der sicherlich nicht das Vorwort auf den fünfzehn gedruckten Bogen war, sondern ein Teil des geplanten Nachwortes. Er liegt in vier verschiedenen Fassungen vor, und zu einem Teil der letzten gibt es noch eine Variante. Bettina hat immer so gearbeitet. Für die großen Texte und alle wichtigen Briefe gab es und gibt es teilweise noch mehrere Fassungen. Dabei begnügte sie sich nicht damit, ihre Handschrift mit Einschüben zu versehen, sondern immer wieder setzt sie von vorne an und schreibt die Texte unverdrossen von Anfang ab, auch wenn seitenlang keine wesentlichen Änderungen vorgenommen werden. Bei den kleineren Änderungen, Streichungen, Zusätzen, Umstellungen ist es nicht immer der wägende Verstand, der nun eine deutliche Verbesserung erkannt hat, sondern eine musikalische Ordnung tritt an die Stelle einer andern. Bettina war nicht im Stande, einen vor ihr liegenden Text genau so abzuschreiben, wie sie ihn fand. Auch wenn sie den Brief über den Weberaufstand als Dokument für Humboldt abschreibt oder sich Auszüge aus Svederus anfertigt oder Zeitungsberichte zitiert, nimmt sie immer kleine Änderungen vor.

Die zeitliche Reihenfolge der Entwürfe zu bestimmen, ist leicht. Denn Bettina arbeitet mit Interpolationen. Die Texte werden immer länger in einer Art barocken Wachsens, so daß sich schließlich der zweite Abschnitt des ursprünglichen Entwurfs irgendwo weit hinten im letzten Entwurf findet, und so auch der dritte und vierte usw.

Sicher sind auch Bettinas Briefromane so entstanden. Die echten Briefe wurden der Ausgangspunkt für neue Gedanken und Wortfugen, wobei sehr wahrscheinlich schon die ursprünglichen Briefe, bevor sie abgeschickt und schließlich fixiert wurden, diesem Wachstumsprozeß in Entwürfen und Neuabschriften unterworfen waren. Bettina betrachtete solche späten Einschübe nicht als schmückendes Beiwerk, sondern als wesentliche Substanz. Wie wehrte sie sich dagegen, als ihre englische Übersetzerin Sarah Austin sich bereit erklärte, den Goethebriefwechsel zwar zu übersetzen, aber ihn dabei erheblich zu kürzen. Da gab Bettina lieber die damals angesehenste Übersetzerin aus dem Deutschen auf und machte die Arbeit selbst (ohne Englisch zu können), als daß sie sich auch nur von einem Satz getrennt hätte. Ja, sie fügte der englischen Fassung alle jene Stellen wieder ein, die in der deutschen nicht mitverwendet worden waren.

Man könnte denken, daß diese wuchernde Arbeits- und Dichtungsweise ein Stilmerkmal der Romantik schlechthin sei. Dann müßten alle Romantiker so verfahren sein. Das ist aber keineswegs so. Coleridge etwa, der romantischste Geist unter den englischen Romantikern, arbeitete ganz anders. Eines seiner berühmtesten Gedichte, die *Dejection Ode*, war zuerst, im Jahre 1802, als langes Briefgedicht geschrieben worden. Es hatte 340 Verse. Daraus entstand dann die Ode mit nur 139 Versen. Er verfuhr also genau umgekehrt wie Bettina. Ihr wird alles zu immer länger werdenden Briefen. Bei Coleridge wird der lange Brief zum knappen Gedicht zusammengedrängt. Das ist ja nicht weniger »romantisch«. Auch diese Arbeitsweise zeigt, daß die Romantiker nie von einer vorgefaßten Strukturidee ausgehen. Sie können mit der Form, nachdem das Werk schon fertig ist, noch schalten und walten. Das ist wohl zu unterscheiden von der Arbeitsweise C. F. Meyers, der sich aus langen undichten Gebilden mit großer Arbeitsmühe und erst langsam wachsender Sprachbeherrschung seine Endfassungen erringt.

Nicht also gemein-romantisch ist Bettinas besondere Art der Texterweiterung. Wohl aber sehr brentanosch. Eine kritische Ausgabe von Brentanos Gedichten wird dieselbe Kompositionsweise auch bei ihm dokumentieren. Aus dem kurzen Gedicht *Der Jäger an den Hirten* zum Beispiel, das der junge Brentano an Arnim als intimes Freundschaftsdokument richtete, wurde mit großen Erweiterungen ein Gedicht an Christus. Dabei wurden die Strophen, die Arnim anredeten und nur daher verständlich sind, nicht getilgt, sondern zu rätselhaften Christusstrophen. Da entsteht dann zum Schluß ein reiches Lebensgedicht, alogisch, musikalisch, das alle Themen Brentanos enthält. Bettina und Clemens haben grundsätzlich dieselbe Haltung der Sprache gegenüber.

Die vier Fassungen des Armenbuchtextes zeigen, daß Bettina zwar ihre Blickrichtung, nicht aber ihre Art zu erleben und in sich weiterrankenden Worten zu denken geändert hat.

Im Erstabdruck, im »Jahrbuch des FDH« auf das Jahr 1862, sind alle vier Fassungen, mit allen Lesarten synoptisch abgedruckt. Um der besseren Lesbarkeit willen wird im Folgenden nur die vierte Fassung abgedruckt. Da diese letzte Bearbeitung des großen Textes aber nicht ganz zum Abschluß gebracht wurde, wird da, wo diese Fassung abbricht, das Ende der zweiten Fassung abgedruckt, so daß ein im Ganzen vollständiger Text entsteht, der gleichwohl keine Kontamination verschiedener Fassungen ist, da die beiden Textstufen klar voneinander abgeteilt sind.

Der Text [Vierte Fassung]

Wenn wir anerkennen, es sei der Menschheit höchster Zweck, in die Weisheit zu erblühen des Gemeingeistes, und seine Früchte zu reifen, so ist zu mutmaßen, das Paradies sei die Stätte gewesen des freien Geistes. Wo sind nun seine Trümmer und wo der Abgrund, der es verschlungen hat?
Die Bibel erwähnt eines zwiefachen Paradieses, eines himmlischen Aufenthalts der Seelen nach dem Tode; – Friedrich der Große nannte Schlesien sein Paradies. – Sollte dort der Untergang jenes irdischen Paradieses anzunehmen sein, in welchem nach der Bibel die ersten Menschen wohnten? – Diese Voraussetzung liegt im Feld der Wahrscheinlichkeiten. Hat das Paradies dort die Menschheit in seinem Naturschoß gehegt, so ist dem Stand der Dinge nach dies Lustgefild der Unschuld untergegangen. Die jetzigen Bewohner sind gewahr worden, daß ihr Weizen dort nicht blüht, ihrem Elend kann nur durch göttliche Eingebung gesteuert werden. Darauf harren die armen Schlesier

schon lange und sind vor Harren schier ganz vertrocknet; woraus zu folgern, daß sie von jenen Menschen abstammen, die Gott mit eignen Händen aus Ton gemacht hat, aus dem man Töpfe formt, die im Verbrauch hin und her gestoßen, in nutzlose Scherben zerbrechen, auch ist Nachricht aus Schlesien, der ganze Haufen Menschenelend sei dort nicht höher zu achten als ein Scherbenberg und nicht mehr zu benützen.

Die Nacktheit war im Paradies das Gewand der Unschuld, wie Gott sie erschaffen hatte. Dem alles durchschauenden Auge Gottes gilt keine Verhüllung, und am eignen Werke kann er nicht Ärgernis genommen haben. – Nun geht aber der Schlesier heute noch so, daß noch andre Augen als der göttliche Scharfblick durch die Lumpen dringen, die seine Blöße decken. Wie könnte dies der arme Hungerleider ertragen, wärs nicht der eingeborne paradiesische Naturschlendrian, der ihnen durchhilft. – Im vorigen Jahr kamen zwei Knaben über das Hochgebürg mit einem Schlitten voll Holz durch den Schnee, der eine zog den Schlitten, der andre drückte ihn vorwärts, beide hatten keine Hemden an, aber auch keinen Wams und keine Hosen! – Was hatten sie denn sonst an? – Der eine war versehen mit den Stiefeln des Vaters, der andre mit seiner Pelzmütze, die ihm bis auf den Nacken ging. Fror der eine an den Füßen, so wechselten sie, und der andre, der an den Ohren fror, nahm die Mütze. So gings fort durch den Schnee ein paar Stunden weit, bis sie glücklich nach Hause kamen. Denselben Weg kam ein Vater mit seinem nackten Kind auf dem Arm, auf dem andern den Hund, der das Kind mit seinem dichten Pelz wärmte,

waren seine Gliederchen auf der unbedeckten Seite erstarrt, so ließ er ihren Platz wechseln. –
Es ist zwar nicht christlicher Gebrauch, unbekleidet zu gehen, man sollte aber aus der Not eine Tugend machen und 70000 Seelen in Lumpen, die der Wind ja doch auseinanderweht, erlauben, nach paradiesischer Art zu gehen, um das Winterzeug zu sparen; da bei den Völkern der Nacktheit auf den rauhen Winterwind nicht gerechnet war, der jetzt durch die Lücken des eingestürzten Paradieses eindringt und sein freches Spiel mit ihnen treibt. –
Auch hat es ein geschichtliches Interesse, im 19ten Jahrhundert nach Christus inmitten eines christlichen Staates, solch unbekleidet Volk zu haben, das während des Sonntagsgeläutes vor der tempelwallenden Christenheit sich verkriechen muß, nach Art ihres Stammvaters Adam, der seine Blöße vor dem Herrn verbarg. – Die christliche Vollmacht der Bevorrechteten tritt hier in die Rechte göttlicher – Inquisition: – *Schlesier wo bist du!* und der Schlesier reißt aus vor der drohenden Stimme des Patrimonialgerichts, wie Adam dem Fluch Gottes auswich, der noch heutzutage auf dem armen Schlesier lastet, daß der Acker ihm nur Dorn und Distel trage. Und Gott rief dem fliehenden Adam nach, er solle sein Brot essen im Schweiß seines Angesichts. – Gern würde der arme Schlesier sich dem unterziehen, allein – wo ist das Brot? – Im göttlichen Verhängnis ist also das Anrecht der vertriebnen Paradiesbewohner an das tägliche Brot unwiderleglich beurkundet. Sollte nun der Schlesier wirklich der rechte adamitische Abkömmling sein, wie ist es da zu rechtfertigen, daß dies Gebot nicht in Erfüllung gehe? – Und wie soll der

Schlesier es zum Schwitzen bringen? Nackte, frostige Leute so dürr wie Holz schwitzen nicht leicht. Gott wußte das und machte ihnen Röcke von Fellen, mit eignen Händen.
Nach Art des ersten Elternpaares, das nie versucht haben würde in der Welt sich umzusehen, hätte der Engel mit dem feurigen Schwert sie nicht auf die Beine gebracht, will auch der arme Schlesier von seiner Scholle sich nicht trennen. Das Paradies hat anziehende Kraft, so tief auch die Trümmer seiner Herrlichkeit einstürzten.
Eine beinah überzeugende Wahrscheinlichkeit liegt darin, daß dem feurigen Schwert zu widerstehen auch des Schlesiers Sache nicht ist, da sie von dem Verwalter der Dominialvergnügten sich von Haus und Hof lassen jagen, daß jenes große feurige Schwert des Cherubim, mit dem er den Weg zum Baum des Lebens bewahrte, zweifelsohne bei dem Sturz des Paradieses zersplitterte und die Splitter zu Patrimonialgerichtswaffen seien umgeschmiedet, wofür abermals ein sprechender Beweis die ungeheure Willkür, mit der diese Waffe geführt wird.
Bei Naturumwälzungen ist nicht anzunehmen, daß sie total das Unterste zu Oberst kehren, vielmehr wird beim Zusammensturz mehrerer Brocken einer den andern im Fallen aufgehalten haben, so daß die projektierte Umwälzung nicht ganz zustande kam, und also die fruchtbare Seite teilweise noch oben geblieben sein mag, ganz übereinstimmend mit Schlesien, wo die Trümmer fruchtbarster Üppigkeit mitten aus dem Elend hervorragen, deren Benützung ebenso jenen armen Schlesiern vorenthalten ist, als ob der Fluch der

Schlange auf ihnen laste. Warum hätte auch damals die Schlange ihre Verführungskünste angewendet, wenn sie nicht wollte den Menschen seines göttlichen Erbes berauben und durch die Bannformel der Erbsünde ihn auch gerichtlich desselben als verlustig erklären. So ist also der Eden, ein göttliches Gnadengeschenk der Menschheit, in den Hauptbesitz übergegangen der Schlangenbrut jener ersten Schlangenmutter, welche die Mutter der Menschheit verführte, und dadurch ihren echten Sohn, den armen Schlesier, um sein Erbe gebracht, der es ihr düngen muß mit dem Schweiß seiner bitteren Mühen. Von denen erntet er nur die Frucht der Ohnmacht durch Krankheit und Hungersnot, die Schlangenbrut aber hat den Genuß davon. – Wie Gott wegen dem Biß in den wurmstichigen Apfel dies zulassen konnte, das ist der Erbsünde unergründlichstes Mysterium. Im Kloster, wo ich erzogen bin, sind diese Religionsmysterien in ursprünglicher Einfalt zur Belehrung und Beschwichtigung etwanniger Religions- und Kirchenzweifel an hohen Feiertagen aufgeführt worden. Am neuen Jahrestag fand die Exhibition statt, vom Fall des ersten Menschen; ich hatte auch eine Rolle dabei, und weiß daher von der List des Teufels zu sagen, mit der er es dahin brachte, daß Gott den Fluch der Erbsünde über die Adamskinder aussprach. – Die Handlung geht vor am Ruhetag nach Erschaffung der Welten. Das feierlichste Fest, an welchem Gott sich seiner Schöpfung freute und sah, daß alles, was er gemacht hatte, gut war, mußte nun grade die Unwürdigkeit mit dem angebißnen Apfel vorgehen. Der Teufel agiert bei so feierlichen Gelegenheiten als Kammerdiener der höchsten himmlischen Herrschaften, so muß er den Gottvater auf dem Theater frisieren, wobei er ihn sehr rupft (was ihn schon ärgerlich stimmt) und zugleich mit magischen Einflüstrungen ihm Gedanken eintrichtert, auf die er von selbst nicht gekommen sein würde. So rührt die Flucht aus dem Paradies vom Teufel selbst her, dessen Großmutter einstweilen die armen Erstgeschaffnen in Träumen göttlicher Allwissenheit wiegte, die sie durch den genoßnen Apfel gewinnen sollten. – Wie klug! – grade mit Vorspieglungen sie ins Elend zu stürzen, von dem einzigen Mittel ihres Heiles. Nämlich der Geist der Freiheit und des Bewußtseins. – Also vom Baum der Erkenntnis hast du Adamskind gespeist? – Sieh, wie dirs bekommt und hüte dich! Ein geschlagnes Kind fürchtet die Rute, ein gebranntes Kind scheut das Feuer. Der arme Fluchbeladne begiebt sich aller Gewalt, sich selber zu helfen; so hat es die Schlange eingefädelt.

Zweifelt Ihr an dem Vorgang solcher Intriguen in den erhabensten Sphären, so studiert die Geschichte, beobachtet das Treiben um irgendeinen weisheitsvollen Fürsten unserer Tage, wie der um seinen Willen betrogen wird, wie seine Stimmung erst gereizt, dann benützt und regiert wird durch falsche Einflüstrungen. Gerupft wird er ohnehin immer, frisiert oder unfrisiert, aber freilich unter dem Vorwand, ihn schön zurecht zu frisieren für die himmlische Parade, rupft ihm der Teufel am allerunverschämtesten, darüber braucht der Monarch nicht sich zu entsetzen, da ja der Teufel, den Gott selbst zum Spiel seiner Prellereien macht, und mit falschen Einflüstrungen, ihm mehr als eine Kabinettsorder seines göttlichen Unwillens abgezwungen. Da, leider – ein göttlich Wort unwiderruflich ist, wie leider – ein königlich Wort auch, so war leider, bei der Gutmütigkeit des Herrn Himmels und der Erden, auf nichts anders sich zu vertrösten, als nur auf den Engel, der seine Befehle auszuführen hatte und wohl zu unterscheiden wußte, was der Teufel den göttlichen Absichten und Befehlen für falsche Auslegungen untergeschoben hatte. Dieser Engel, der Genius der Menschheit, rief ihnen in ihre Verbannung nach: *Mensch, hilf dir selbst, so hilft dir Gott.* Ein Spruch himmlischer Weisheit, der des Teufels Verrat an der Menschheit vollkommen niederschlägt. Womit auch die Exhibition im Kloster endigte. Der Teufel zog mit Gestank ab, was Gott an dem feierlichen Tag, wo er nur Weihrauch-Duft einzuschlürfen gedachte, empfindlich gegen ihn stimmte. Und der Engel behielt recht. – Hilft der Mensch sich selber, so ist die göttliche Allgewalt geborgen, die der Teufel untergraben will. Ebenso würde die Macht der Könige unerschütterlich feststehen, hätte der Mensch so viel Luft, sich selber zu helfen, denn nur weil er daran ersticken muß, das macht vor Angst ihn tollkühn. Und das ist eben der Haken, daß an der Seite der Könige kein guter Genius aufkommen kann vor dem Teufel, der ihn als Demagogen verschreit, oder als Narren oder Gimpel, Pinsel, Tropf mit überspannten Ideen, und aber mit dem gepanzerten Heere der Vorurteile den Herrscher in Gefangenschaft hält und so ihn den Zeitverhältnissen und der tageshellen Wirklichkeit gänzlich entrückt. – Der Gott der Welten läßt den Teufel mit sich spielen; aus Kunstgenuß an seiner Pfiffigkeit der Selbsthülfe läßt er von ihm sich abgewinnen, was er der Mühseligkeit, die sich nicht selbst helfen mag und immer nur auf

ihn sich verläßt, nicht gewährt. – Und während der Gott vom Teufel Schach sich bieten läßt, wendet der Menschheit Genius, der Träger göttlicher Großmut, des Teufels List zu ihrem Besten an, und trägt so in höherem Sinn den Sieg davon. Wenn aber der Teufel Schach bietet den Königen der Erde, wenn da der gute Genius nicht Macht hat, dann hat die Schlechtigkeit und Bosheit gewonnen Spiel.
Denkt Euch den Vorhang zwischen Volk und Fürst etikettenmäßig herabgelassen, wodurch die allein seligmachende Unmittelbarkeit zwischen beiden gehemmt ist, und denkt Euch jene allzeit fertigen Ausleger, welche die Kunst des Weismachens treiben, alle Bewegung Hallo und Lärm hinter dem Vorhang gut motiviert in wechselnden Erscheinungen eilfertigst hinpinseln.

Ihr sollt den Teufel an die Wand nicht malen
Aus Furcht daß er das Licht Euch dazu halte
Und statt Euch Eure Teufelsmüh zu zahlen
Mit listcher Blendung Euch selbst an die Wand
was malte.

Zum Beispiel: Wie wenn einer jetzt auf des Königs Frage: Herr Präsident, wie steht es mit meinen armen Adamiten? – ihr Elend über alle Beschreibung groß, gänzlich wollte leugnen, als eine erfundne Fabel, als falschen Lärm an den Vorhang hinpinselte, mit etlichen starken Schraffierungen von plausibeln Beweisgründen seine Pinselei hervorhöbe als zum Beispiel: »Weil die Steuern unbeigetrieben einkommen, weil sie im vorigen Jahr schon eben so arm waren, weil sie im vorvorigen noch ärmer; und haben ja immer sich durchgeschlagen.« Könnte nun der gute Genius das Regiment des Teufels bändigen, die Fackel zünden und hinter den Vorhang leuchten, so würde bald erhellen, daß die Steuern unbeigetrieben einkommen aus Furcht vor den Gerichtskosten und aus Furcht vor Gefängnisschmach. Daß der Mann, der mit Frau und Kind will leben, die Woche, drei Groschen sechs Pfennige verdient und 3 Groschen 9 Pfennige Abgaben hat, daß dieser um die Wette mit den Seinen betteln geht, um den fehlenden Dreier noch hinzuzutun, nun das geht, er bettelt den Wucherern ab, was er ihm tausendfältig wieder verdienen muß. – Hier geht der Segen des Bettlers *Vergelts Gott tausendfach* durch ihn selbst auf eigne Kosten in Erfüllung, denn daß er sein darbendes Leben so fortschleppt und nicht ganz verschmachtet, das muß er tausendfach durch seiner Hände Arbeit dem Wucher einbringen, der zieht seine Berechnung zwischen Gewinn und Verlust und bringt dabei sein himmlisches Verdienst in Anschlag, das kein Teufel ihm bestreiten wird, der macht ihm noch eine Auslegung dazu, wie sie zum Handhaben des Regiments dort paßt, denn wollte man Gehör geben dem Jammergeschrei von 70000 Kehlen, man wär seiner Sinne nicht mächtig. So werden Angelegenheiten und Ungelegenheiten der Zeit im Bette des Prokrustes zurechtgerückt und mit Trost und Beweisgründen an die Wand gemalt von Gelehrten, Beamten und Politikern, und alle Kabinettsordern gehen aus dem Kabinett der Schildereien hervor, wozu der Teufel das Licht gehalten, sie verbreiten ein narkotisches Helldunkel mit gemalten Ansichten träumerisch hinhaltend, aber einmal, wenn das Blendwerk verlöscht ist und die Wahrheit durch den entzauberten

Vorhang dringen wird, wie wird dann der Teufel Euch, seinen Malergesellen, lohnen? – als nur, womit Ihr wuchert, mit der Macht seines Betrugs.

Red ich zur Armut, so red ich zum Volk, denn keiner ist arm, der nicht zum Volk gehöre. Ihr vielen Armen, wo ist der Ratgeber, der die Chimäre Eures Elendes wie trägen Nebel zerteile, der Euch aus Eurem Arbeitsschacht heraufbeschwöre ans Licht, und aus dem Darrofen des Leibes Euch hervorziehe, aus der Spinnschule der Lachesis, die Euren Lebensfaden abreißt, wenn er zu dünn wird für das grausame Staatsgewebe des Wuchers. Denn das Paradies des freien Geistes, der allein es zu lösen vermöchte, das ist nicht mehr! – Denn die sinnenbetäubte Armut, die Tag und Nacht den Dornenpfad wandelt der Erbitterung über ihr Elend, und mit überreizter Spannkraft sich durchzureißen arbeitet, die kann nicht frei denken, sie hängt stöhnend am Vaterlandsboden, der ihr keine Frucht bringt, aber sie fluchet ihm nicht, sie stürzt schuldlos in den Abgrund. Über den hinüber fragt Ihr Behörden gemeinnütziger Wissenschaften, Ihr Autoritäten des Vaterlands.

Ob die Klage über zunehmende Armut gegründet sei. Was die Ursachen und Kennzeichen sind der Verarmung Durch welche Mittel einer zunehmenden Armut könne gesteuert werden?[47]
Diese Fragen, welche die Not des Augenblicks gleich Hirngespinsten übergehen, werden eben so blöde,

47 Dies waren die Fragen, die der Schwanenorden öffentlich zur Beantwortung stellte.

eben so schnöde von einer untertänigen Antwort übergangen. Durch die Nebel ihrer Vorurteile, ihrer hochmütigen Philosophie bricht keine Spur lebendiger Geisteswirkung hervor, und zuletzt entsteht noch die Frage, ob nicht dies Verhängnis des Armen eigne Schuld sei! – Ein Beweis, wie unnütz Ihr fragt.

Die Schuld von sich abwälzen und was zu verbieten ist, das versteht sogar der Teufel, aber das Elend auf sich nehmen, und das rechte Gebot tun, das bekundet die reine Gewalt des Genies. Der Teufel verteidigt selbst, und verwahrt sich gegen alles Mißlingen. Dem Hochmenschen, sobald er andre zu schützen hat wie sich selbst, wächst der Verteidigungsmut, und er steht auf seiner eignen Magna Carta. Denn wer die Kraft besitzt, hat das Gefühl derselben[48].

48 In einer Variante dieser letzten Fassung schließt sich hier der folgende Text an:
»Und während die Verflachung es wagt, mit platter Kritik die Taten und Sitten des Genies zu verfolgen, bilden diese die Höhen, an denen spätere Jahrhunderte aus einer faulenden, moderigen Welt eine grünende, aus einem Winter einen Frühling bilden. Was der Begeisterte tut, das erhöht und verklärt ihn; sein Recht, über den Pferch der Sitte hinauszuschreiten, ein Höheres zu wählen, als bloß Recht, nicht Unrecht tun, ist er bestimmt durch eine Unendlichkeit von weckenden Reizen. Die edle Lebenslinie ist keine, die man mit dem Lineal der Konvenienz berichtigen kann, nein, sie ist eine ewige Begeistrung, aus sich selbst strömende und in sich verschlingende Wellenlinie. Eine große Idee, an der sich eine starke Seele erzieht, die einem großen Welterfolg sich opfert – ihr Glaubensmut ist entscheidend. Der Feige hat keine Richtung. Er bestimmt seiner Welt die Himmelsgegend, mit seinen Feuerflügeln schlägt und peitscht er das Wolkenheer der Vorurteile zunichte. O selig, wer einer großen Idee lebt, die er höher achtet als Ruf und Nachruf, als Ruhm und Tadel. Ich verachte beide. Die reine Idee ist kalt und ruhig, denn sie ist ihrer auf ewig gewiß; wo irgendein moralisch Kraftgenie leicht für einen Abend auflodert, ist sehr bald die Flamme ausgeweht. Moral ist Nüchternheit, aber nüchtern und bestimmt ist das Wesentliche vom Heldentum! – Wer in der Despotie Anteil nimmt am Schuldlosen, der wird ein Opfer seiner Teilnahme, auf den schuldlosen Opfern ruht die Verleumdung. Aber die hohe Seele hoffet länger das Hohe, denn die niedere. Aber wie wird alles im Rausche der fortziehenden Zeit übertaubt und vergessen. Welche hohe Gestalten stiegen nicht aus dem unreinen Strom und blühten und trugen Früchte der Menschheit, während sie herabge-

Wer ist des Staates Untertan? Der Arme ists! – Nicht der Reiche auch? – Nein, denn seine Basis ist Selbstbesitz, und seine Überzeugung, daß er nur sich angehöre! – Den Armen fesseln die Schwäche, die gebundnen Kräfte an seine Stelle. – Die Unersättlichkeit, der Hochmut, die Usurpation fesseln den Reichen an die seine. Sollten die gerechten Ansprüche des Armen anerkannt werden, dann wird er mit unzerreißbaren Banden der Blutsverwandtschaft am Vaterlandsboden hängen, der seine Kräfte der Selbsterhaltung weckt und nährt, denn die Armen sind ein gemeinsam Volk, aber die Reichen sind nicht ein gemeinsam Volk, da ist jeder für sich, und nur dann sind sie gemeinsam, wenn sie eine Beute teilen auf Kosten des Volkes. –

würdigt wurden. Warum sollte der begeisterte Wille durch die höhnende richtende Menge hindurch nicht einen Glaubens- und Überzeugungsgenossen finden, einen Verteidiger und Unterstützer, und ich sehe ihn und ich wähle ihn mir, einen einzigen, als Martyrer der Taten, die im Einverständnis mit meinem Willen über meinem Grab noch aufblühen werden, und das Herz, das sie aufnimmt, blüht neu auf. Über dem Erdentod der Gemeinheit und Zaghaftigkeit entbrennt die Seele und sagt die kühne Wahrheit und opfere, was die Hohe Tat von ihm fordert«.

Dies ist eine der Selbstdarstellungen Bettinas. Sie ist in ihrem sibyllinischen Ton verfaßt, der in diesem Zusammenhang etwas fremd anmutet. Es ist der Ton, den sie in ihren Briefen an die Jünglinge Julius Döring, Philipp Nathusius u.a. benützt, die sie zu Helden und Dichtern erziehen will. Daß sie hier wirklich von sich selber spricht, ist aus dem Manuskript deutlich erkennbar. Immer wieder mußten Sätze gestrichen werden, die den Ichbezug allzu deutlich machten. So findet sich denn an der Stelle, wo sie von jenen spricht, die »in der Despotie Anteil« nehmen am Schuldlosen, der gestrichene Satz »ich habe mich des Hoffmann von Fallersleben angenommen«. August Heinrich Hoffmann von Fallersleben verlor durch königliches Dekret im Dezember 1842 seine Professur und jeden Gehalts- und Pensionsanspruch, weil man in seinen »Unpolitischen Liedern« aufrührerische Tendenzen entdeckte. Er irrte dann herum und lebte vom Verkauf seiner Bibliothek. In dieser Zeit, Mitte Juni 1844, schrieb Bettina an den Großherzog von Weimar, um sich für Hoffmann v. Fallersleben zu verwenden. In diesem Brief, dessen Entwurf sich erhalten hat, findet sich nun eine Stelle, die die oben mitgeteilte spiegelt und ergänzt und deshalb in diesem Zusammenhang hier mitgeteilt werden soll. Da sie sich auf die Neugründung des Schwanenordens auch hier bezieht, der ja von König Fried-

Dem Armen kommt es nicht drauf an, ob Saturn regiere oder Mars oder Jupiter, aus dessen Haupt die geharnischte Minerva sprang; er fügt sich dem regierenden Planeten, der am unerreichbaren Himmel über ihm aufgeht, wie er der Witterung sich fügen muß. Stürme, Überschwemmung, Dürre, alles fällt auf des

rich Wilhelm IV. im Dezember 1843 wieder ins Leben gerufen worden war, kann der Brief nicht »an den Kronprinzen, nachmaligen König Friedrich Wilhelm IV.« mit unerschließbarem Datum gerichtet sein, wie der in vielem so fehlerhafte Band V der »Briefe und Werke« hersg. von Joachim Müller, Frechen 1961, S. 377, angibt.
Bettina schreibt:
»Als der König die Gründung des Schwanenordens bekannt machen ließ, bekannten diese Staatsmänner ihre mißliebige Verwunderung über diesen theoretischen Luxus, und prophezeiten, daß er nicht ins Praktische übergehen würde. Auch haben sie keineswegs Lust, sich dafür zu interessieren, im Gegenteil freuen sie sich daran, daß nichts daraus wird. Wären sie klug, so hätten sie der Sache die praktische Seite abgewonnen; hätten sie Liebe zum Fürsten (aber dazu gehört Geisteskraft), so hätten sie diese Idee weiter ausgebildet und ihr Verzweigungen gegeben. Hätten sie Scharfblick in die Zukunft, so würden sie daraus dem Regenten eine Stütze gebildet haben, gegen allen Frevel, der in der Zukunft droht; hätten sie Vertrauen in seine Toleranz, so würden sie ihm ihre Zweifel mitgeteilt haben, und Vorschläge von praktischem Verstand. Und kurz, diese einzige Idee, die den König und sein Volk in Verbindung bringen konnte, mußte ihnen die wichtigste sein, und sie mußten alles tun, um sie in die Blüte zu bringen und den König die Früchte davon ernten zu lassen, aber dazu gehört der Begriff des Schönen und Erhabenen auch in der einfachen Handlung; dazu gehört die Energie der Unschuld auch in der verborgenen Tat. – Und diese besitzt kein Minister. Sie wissen nichts von Gestalten und Farben eines neubeginnenden Lebens, und würden die Kraft, die da aufflammt im üppigen Frühling einer freieren Zeit, für ein zufälliges Feuer halten, das keinen Schaden bringt, weil es nur im Traum aufflackert. Sie wissen nicht, daß große Ideen frei sind von allem Philisterhaften, daß sie oft wie fern herwandelnde goldne Wolken daher kommen, die aber doch den Gott in ihrem Schoß getragen bringen. Der Traum ist ein unschuldiges Feld, ohne Berechnung, der sich nicht von Erfahrung abweisen läßt, die doch nur das Resultat ist einer falschen Berechnung, wenn sie das Gute, das Kühne noch unerfahren bekämpft und was kann kühn genug sein dem Geist, der erst wirklich göttlich ist, wenn er keinen Grund mehr hat, auf dem er fußt, und welche Basis braucht der Geist – er braucht Flügel, die sich durch die Nebel erheben, im Morgenrot färben, in der Sonne sich durchglühen, in der Mondbläue wieder kühlen, er durchschwebt alle Sphären und vernimmt sich in denen und erlabt sich allein in der Reinheit und Erhabenheit des Gewissens, indem er sich selbst durchdringt.«

Armen Haupt, sie stählen seinen Mut, wenn er fühlt, daß er auf seine Kräfte sich verlassen darf.

Giebts Pest und Hungersnot, er arbeitet sich durch, er ist der Ausdauer gewohnt. Giebts Krieg, so ist er der schützende Wall, er läßt sich berauben seiner Mühen und Fähigkeiten zu Gunsten der Reichen. Sein Wille ist unterjocht, die Rechtspflege ist ihm mit Dornen verhakt, er kann sich nicht erwehren ihrer Willkür, die Aegide der Gesetze hält ihm ihr grauenhaftes Antlitz entgegen, vor dem die Unschuld wie die Schuld sich entsetzt; seine Menschenrechte sind dem Staat Illusionen, seine Hoffnungen sind erschöpft, längst erstorben, er lebt aus mechanischem Naturtrieb, nicht aus Geist und Bewußtsein. Seine Anlagen sind erstickt, was sich durcharbeitet an Verstand und Begriff, das wird von jener Aegide gleich versteinert! – Doch soll der Mensch nicht allein sich selbst emporschwingen, sondern somit der ganzen Menschheit emporhelfen. Dazu liegen die Keime in ihm, er hat es bewiesen an seinem Vaterland, er hat seinem Herrscher sich gelobt, wollte er nicht sich fügen, wollte er murren, er würde zum Richtplatz geführt. Daß er aber die Vaterlandsgeschicke trägt mit seltner Ausdauer, daß er dies undankbare Vaterland schützt, aus Gefahren es rettet, daß er sein Leben, seine Gesundheit dem gemeinen Besten hingab, ohne eigennützige Sorge der Zukunft, wer von denen, die des Vaterlandes Krisen miterlebten, wird es leugnen. Die Dotationen der Dankbarkeit fielen nicht dem Armen zu. Beraubt des Unentbehrlichen stürzt er ins Elend.

Aus dem plaunischen Grund wollte ein mitleidiger Vizepräsident die Armen letzt herübernehmen, um an der Eisenbahn zu arbeiten, zwischen Leipzig und Hof, sie hatten die Wegsteuer nicht, die 3 Meilen herüber mußten sie transportiert werden, sie konnten keinen Spaten in die Erde bringen. Der Vizepräsident wollte sie ausfüttern, aber die Aktionärs fragten: Herr Vizepräsident, wo bleiben unsre Aktien? – so wurden sie wieder hinübertransportiert ins Elend. Ja, wie kann auch so ein Ritter vom Eisernen Kreuz den Spaten in die Erde bringen, dessen Spinnfinger so dünn ist, daß der Knochen wie am Gerippe sich zeigt, was nicht ohne Schauder anzusehen ist, sagte mir der Fürst Karulath[49], der eben mit mir über das schlesische Elend sprach. – Wie ist das doch? – Der Arm, der mit dem Säbel die Vaterlandsgeschicke wenden half, der hat einen so dünnen Spinnfinger, alle Kraft verschwunden und kein Brot! – Ritter vom Eisernen Kreuz, du stehst so elend da! – Du bist Ritter, du bist kein Eximierter[50]! Der Verwalter des Dominiums kann dich züchtigen, wenn du mit deinem Spinnfinger nicht das Schutzgeld mehr erspinnen kannst! – Wie heißest du? – »Ach unserer sind viele; wir heißen alle, Arme Leute! – Menschen des Elends. Unsre Blüte war, als wir für das Vaterland dienten und durften für unsern König das Leben aufs Spiel setzen und für seine Nachkommen und konnten jubeln, wenn der feindliche Kugelregen durch unsre Glieder fuhr, und die er wegriß, die riefen noch im Tode Victoria.« Hier zu Waldenburg in der Kaufhalle sitzen die armen Leute mit ihrem Gespinst, da kommt der Kaufherr, aus Mitleid hat er sie herbestellt, er heißt Kramsdard; er möchte gerne es ihnen abnehmen, aber

49 Vermutlich: Carolath
50 Soviel wie: von einer staatlichen Verpflichtung Befreiter

der unhaltbare, ungleiche Faden giebt keine brauchbare Leinewand. Wie kommt es, daß Ihr so schlecht arbeitet. Das ist die Liederlichkeit und der Müßiggang, hättet Ihr eben so gut gearbeitet wie sonst, so konnte Euere Ware nicht so herabkommen. Er kann Euer Gespinst nicht brauchen, er will es nicht. Da jammert Ihr, da flehet Ihr, die Angst, ohne Mittel nach Hause zu kommen, wo so viel Verschmachtende auf Euch harren. Aus Mitleid will er es denn abnehmen. Da habt Ihr einen viel zu hohen Preis aus Mitleid! Nur, da all Eure Arbeit Mist ist. – Die Leute schreien auf, sie wollen die Arbeit nicht hergeben für gar kein Verdienst. Sie müssen wohl, ein Zeichen in der Leinwand von der Hand des ersten Bieters weist die Käufer auf das erste Gebot an. Sie bleiben alle dabei. Also all Eure Arbeit vor anbrechendem Tag und spät in die Nacht und Eure Glieder abgezehrt und konntet Euren Hunger nicht stillen. Es hat den Pfennig zum Öl auf die Lampe Euch nicht eingetragen! – Eure Glieder sind vertrocknet aus Mangel, und man wirft Euch Liederlichkeit und Müßiggang vor; nein! man überlegt nicht, daß ein vertrocknetes Glied untauglich ist zu guter Arbeit! Daß der geschwächte Arm des Kriegers mit dem Eisernen Kreuz den Faden nicht mehr gleich und haltbar drehen kann aus Hungersschwäche, aus Nervenreiz des abgezehrten Fingers. Das fällt Euch nicht ein, Ihr mitleidigen Käufer! Aber was macht Ihr mit diesen Arbeiten der Not und des Mangels? Düngt Ihr Euer Feld damit? – Jawohl, ein Feld, wo Millionen drauf anwachsen.

Der mitleidige Mann, der mir dies erzählte, setzte hinzu, »ich möchte den Jammer nicht noch einmal mitansehen, als Kramsdart sein Gebot tat und alles die

Hände rang und laut jammerte, noch herzzerreißender, als da er ihnen erst es abgeschlagen hatte. Jetzt wars ausgesprochen mit dem Gebot, keine Hülfe mehr für die Zukunft, als nur langsamer verschmachten, der Vater mit den Kindern. – Ein Freund der Armen tritt in die Hütte, wie der eben das Brot austeilt, die Kinder umringen ihn, sie haben den kleinen Teil schon verzehrt, sie langen nach dem andern Teil, aber das Brot ist ja schon zur Hälfte verzehrt, er darf nichts mehr geben, sonst haben sie morgen nichts, sie weinen, der Reiz des Hungers ist so groß, sie wollen gern morgen fasten, wenn er ihnen nur heute das andre auch noch giebt. Der Vater kann nicht, er darf nicht, denn wenn sie morgen nichts zu essen haben, so können sie nicht arbeiten. Das Weifen und Spulen und Weben zehrt ab. Er wird zornig, daß er ihnen versagen muß und daß es ihm das Herz zerreißt! – Aber der Freund der Armen sagt: gebt ihnen das Brot noch, ich will Euch für morgen ein anderes kaufen. Da weinen sie alle und essen das Brot unter Tränen bis auf den letzten Bissen! – Was ist, daß sie weinen mußten, um der Mildtat willen? – Ach, das Mitgefühl hatte sie angesteckt, sie mußten darum weinen, daß einer Mitleid mit ihnen hatte. Diese Menschen alle. Gott hat ihnen kein geistig Organ versagt. Was man mit den Sinnen ergreifen kann, als Nahrung der Geistesentwicklung, dazu sind sie geeignet! Sie sind nicht schwach von Sinnen, sie hören, fühlen und sehen wohl. Und doch sind sie so dumpf, so unwissend, sie lassen sich ängstigen! Ach die Hungerwüsten des Leibes erzeugen Verwesung des Geistes und böse Giftpflanzen der Unsittlichkeit. Wo die Hoffnung ausgerottet ist, da kann keine Tugend mehr aufkommen!

Unbesiegliches Geschick erstickt den Mut. So verwesen Anlagen, Begriffe und Energie. Und alle höheren Geisteskräfte, die aus dem Selbstgefühl entsprießen und aus der Geistesmacht? – Wo bleiben diese? Nämlich der Enthusiasmus und seine Offenbarungen, ungehemmt vom Gesetz! Der Instinkt, diese frei schwebende Magnetnadel, ein sicherer Kompaß! Aber gehemmt vom Gesetz muß sie falsch zeigen, boussole affolée, betörter Wegweiser! Also Ihr Armen, Euer Begriffsvermögen, Eure Anlagen sind ein Ort der Verwesung! – Blödsinnigkeit, das ist Geistesverwesung, Blendwerk. Dies macht Euch zu Sklaven der Lüge und Heuchelei! –

[Diese Fassung bricht hier ab. Den Schluß entnehmen wir der zweiten Fassung].

Der Reiche weiß nichts vom Armen, er hängt vom Äußern ab, aber nicht vom Vaterland. Alles Äußere hängt mit ihm selber zusammen, sein feiner Rock darf seine feine Seele nicht kompromittieren, er fühlt sich selbst durch den Rock ausgezeichnet und erhaben über die schuftige Menge. Sein Streben ist Auszeichnung, selbst unter seinesgleichen, seines Pferdes Rasse muß mit seiner Rasse akkordieren, selbst durch den Reitknecht muß seine feinere Komplexion hindurchleuchten, und jeder geringste Deut seines äußern Lebens muß alles er selber sein. Blicke und Gebärden sind die Demonstrationen seiner gemachten Standesgesetze; Treue, Tapferkeit, Ehrfurcht, Diensteifer sind Gewandstücke seiner Luxusnatur, in denen er seine Seele als die ihm selber gefällige Person darstellt. Seine Taten sind Repräsentation ihm beliebiger

Helden- und Tugendszenen, die seiner Karriere Relief geben. –

Das ist die Gebildtheit des Reichen. Sie entspringt aus dem Luxus, nicht aus dem Bedürfnis des Geistesleben! Treibt aus diesem die Wurzel der Vaterlandstugenden? – Oder der Selbsterkenntnis, der Erhöhung und Vorbereitung des Unsterblichen? Den Reichen stürzt sein eignes Geisteselend in den Abgrund. Wie steht der Arme dieser Rockseele gegenüber?

Wie aber jene Autoritäten, die den Staat bilden mit ihrer Übersicht und Einsicht, im Berechnen des Zufälligen und Notwendigen sich tüchtig machen, in des Regenten Willen und Neigung die eigne Absicht geschickt einzufädlen, mit der sie den Grundriß legen zur Geschichte unserer Tage, die dem Zeitgeist die Schwingen bricht und nach Abschätzung dessen, was sein soll und nicht sein soll, ihn erlahmt mit Füßen tritt. So prangt [er] vor der Welt, eine Nation zu züglen. Dies Staatsphänomen, das durch künstliche Prärogative des Herrschers Vertrauen gefangen hält zum Nachteil der Volksentwicklung, das, um seiner Repräsentationsscheinheiligkeit Spuren einzuprägen, die fruchtbaren Keime, welche die Natur in deinen Schoß gelegt hat, o Vaterland, alle unterrajolt, und durch vorwegnehmende Anmaßung des Begriffs die Stufen der Geschichtsannalen hinanzusteigen beliebt, gegen die himmlischen Konstellationen Krieg führend, mit seinem wettermachenden Hexenstab irreleitende Nebel erzeugt und Temperaturen, die dem jungen Hoffnungsgrün die Wurzeln abfaulen, und es schmeichelt [ihm] die dürre Haide, ein furchtbar stummes Bild seiner eisernen Gewalt, aber seiner Geistesohnmacht. – Wer könnte je Zweifel wecken in diesen stokkenden Begriffen? Was könnte ein solcher Eigendünkel in sich unterdrücken oder verdammen, als etwa diesen Zweifel selbst? – Ja, dieser Dünkel erstickt wirklich jene Zweifel in sich, jene Keime des ursprünglichen Gewissens, das unaustilgbar in des Menschen Busen haftet, um immer aufs Neue der Unsterblichkeit Bahn zu brechen. Er erstickt als Brut des Teufels, was seiner Willkür sich in den Weg legt; nämlich die Weisheit der Unschuld, die unermüdet und rachelos dem Elend die verschütteten Lebenswege wieder aufgräbt, die erwürgt er. –

Wer ist nun aber der, von dem dies Phänomen der Staatsverwaltung die Frage beantwortet erwartet, die zwar irrtümlich als eine untergeordnete betrachtet wird? – Die aber die einzige ist, welche ihm zu schaffen macht und die er nicht mit seinem christlichen Mantel zu decken vermag. – Der Arme wird nicht gefragt, denn der ist der Verbrecher dieser Verlegenheit, und er kann sein eigen Urteil nicht fällen. – Den Reichen geht es nichts an, denn er ist durch eine ungeheure Kluft vom Armen geschieden, die er nicht ausgefüllt wünscht. Er würde grade lieber mit Sack und Pack sein Vaterland verleugnen, als daß der Arme ihm gegenüber dieselben Rechte der menschlichen Gesellschaft in Anspruch nehme. So wären wir den Reichen los, vielleicht wär es das Beste, wenn man den Reichen bei seinem Tode lieber gleich mit seiner ganzen Habe in den Sarg legte, wie den Bärnhäuter[51]. Vielleicht entdeckte

51 Das Märchen vom Bärenhäuter, einem verwahrlosten Naturmenschen, geht auf Grimmelshausen zurück. Brentano erzählte die Geschichte vom

man außer dem gesuchten gepriesnen Reichtum edlere Quellen der Selbsthülfe, wäre der Reichtum uns aus dem Weg geschafft.

Wer soll nun diese Frage aufnehmen? – Etwa der, welcher ungefährdet vom Staat seine Karriere macht? Vermöge seiner Studien, streng innerhalb der festgestellten Gesetzespferge demselben Unsinn seinen Witz verkauft, bis er sich ihm unentbehrlich gemacht hat, um das Zutrauen des Herrschers zu umgarnen, seinem Scharfblick die Augen zu verbinden, ihm die Ohren zu verstopfen gegen die Wahrheit, die über ihre gespensterhafte Verlogenheit hinausragt, und ihm zuruft:

Ich bin Ich und nicht zu leugnen! – Ja, er ist derselbe, dem diese Notfragen übergeben sind. Er ist der vom Staat erzogne, seinen Maximen entsprechende einstige Träger derselben, der aus eben so hohlen Gründen nach endlosem Zeitraum versteinerter Inkonsequenzen eine verstandlose dumpfe Antwort verlautet. Was haben sie gewonnen, diese Frag- und Antwortlose, unterdessen der Strom des Elendes 10 Jahre hinabführte? –

Warum fragt nun die Staatsautorität, die voraussehen mußte das Ungemach und Verderben – und ihm zuvorkommen mußte? Warum ließ er es sich auf den Hals rücken? – Glaubt er vom eignen Zögling orientiert werden zu können, der doch nur aussprechen darf, was diese Inkonsequenz nicht widerlegt. Kann er allein nicht mehr beantworten, was er selber zu bedenken ursprünglich berufen ist? – Hat er die Quellen nicht in

Ursprung des ersten B. altdeutsch-scherzhaft nach, und Arnim verwendet die Gestalt in seiner ›Isabella von Ägypten‹.

seinem Bereich? – Leitet er sie nicht mit seiner Kombination, ist ihm nicht übertragen, die Möglichkeiten zu verwirklichen, da er allein alle bindende Gesetze giebt? Und allen freien Willen drängt? – Sollte das Reich, die Nation nicht erblühen durch seine weise Vorkehrungen? Warum fragt er jetzt, da die Not ihn zwingt? Ist er von dieser Not nicht Rechenschaft schuldig? – Wie kann er überhaupt fragen, da er selber mitten im Begriff der Dinge, in der Berechnung aller Anlagen, im Bewußtsein, wohin diese Anlagen führen sollen, im Gewebe weit ausgreifender Pläne der weise Meister ist, der den Faden leitet?
An welche Geisteskraft appelliert er also? – An die, welche bisher in den Bann getan war vielleicht? – Und wenn nun endlich die Antwort gefunden wäre, müßte sie nicht tief beschämen die Autorität, die bei so wichtigen Krisen erst von denen Belehrung annehmen müßte, die er zu lenken, zu verfolgen mit dem Eigensinn der Willkür sich nicht entblödet? – Ja wär es nicht die tiefste Schmach, der gewaltigste Beweis der Usurpation, dessen Kenntnis und Reife zu verneinen, von dem allein wieder die Vermittlung der Rettung abhängt? – Darum ist es allerdings eine Vertretung der Frage, daß keine Antwort auf sie gefunden wurde und jeder Ausweg entweder schon versucht, oder ein Ding der Unmöglichkeit, oder unvereinbar mit den nicht mitgeteilten Absichten und Interessen, die der Gesamtheit ein Geheimnis sind.

Diese Fragen wurden daher nur als Preisaufgaben gemacht, um den Beweis an den Tag zu legen, daß jedem Wirken der Art Vorschub getan sei, daß es aber

Übel gebe, die man mit derselben Geduld wie unheilbare Übel tragen, oder ausrotten müsse wie die Spartaner.

Wenn wir einen Ballast von Volk haben, das nicht arbeitsfähig gemacht kann werden, so hat ihn jeder Staat und jede Stadt. Wenn von den neugebornen Kindern 2 Dritteil dem Tod verfallen, aus Mangel. Wenn tüchtige Naturen Spitzbuben müssen werden. Wenn die Last der Nahrungssorgen auf unmündige Kinder lastet, die von Natur eine edle Bildung hatten, endlich als Krüppel elend vegetieren, wenn der ganze Menschenstamm dadurch herunterkommt. Wenn dies und alles, was damit zusammenhängt, in Betracht gezogen wird, so kann der Staat und jede Antwort nur dabei stehenbleiben, gegen Übermacht des Elendes könne nur angekämpft werden, soweit die Kräfte des Bestehenden reichen. Der Wille des einmal Festgestellten verwendet sich ganz so weit er reicht. Allein, was nicht zu bekämpfen ist, das ist Geschick, dem ist nicht auszuweichen. – Drum als sich ohnlängst die Aufforderung eines Laien vernehmen ließ, um alles zu einem Zweck zu vereinen[52], da haben die Hohenpriester des Staates ihren eignen Ohren nicht getraut, daß ohne ihre Zustimmung eine solche Aufforderung ergehen könnte, und sie ist männiglich verdunkelt worden, diese Illumination erhabner Vorsätze, denn keine Antwort ist diesem reinen Willen begegnet.

Sollte nun ein unmündiger Laie sich erdreisten, diesem erhabnen Laien sich anzuschließen! was wird er da fragen? –

52 Der Laie, der im Namen des Schwanenordens dazu aufrief, sich zum Zweck der Armutsbekämpfung zu vereinigen, also wohl der König.

Kann der Reiche des Armen Rechte verwalten, seinen Tätigkeitskreis erweitern, seine geistige wie leibliche Kräfte emanzipieren; kann er ihn stützen, tragen und steigern zu jener Freiheitshöhe, wo er als selbständig mitwirkende Staatskraft keiner Hülfe mehr bedarf, so wird die Antwort dies mit Recht verneinen, und selbst die Hohenpriester werden dies eingestehen, obschon es eine ihrer Ressourcen war, durch Anpumpen der Reichen der Armen Langmut noch weiter hinauszuspinnen.
Also die Reichen können nicht der Armen Gut verwalten? – Was der Reiche tut, ist Wohltat, nicht Pflicht. Verläßt er den Armen, so verletzt er nicht seine Pflicht gegen ihn, denn nicht ihm gehört seine Kraft, sein Vermögen, sein Geist. Er gehört seinen eignen Angelegenheiten. Er prangt als Staatsblüte. Denn mit was könnte der Arme ihm lohnen und durch welche Ansprüche kann er den Reichen verantwortlich machen für seine Existenz! – Also darin wars gefehlt, die Vermögenden aufzufordern, sich dem Schwanenorden anzuschließen. Was der Reiche tut, ist Wohltat, nicht Pflicht. Ist aber Wohltat nicht ein gänzliches Ausschließen aller Rechte? Wollt Ihr den Armen abhängig machen von der Laune Eurer Güte, wollt Ihr ihn erhalten in den Fesseln der Dankessklaverei? – Soll er mit seinen Anlagen, körperlichen und geistigen, Euch verpfändet sein für die Lebensfrist, und soll er nie zur allein selig machenden Religion kommen des Gemeinwohles? Soll er dafür Euch dankbar sein, daß Ihr nach Eurem Ermessen ihn alle Wege falscher Spekulationen erproben lasset, die Ihr bei guter Laune und aus Selbstbespieglung allenfalls mit Vergnügen für ihn macht, und

wie bald werdet Ihrs müde, besonders wenn es nicht gelingt. Ihr macht Euch ja auch daraus ein Verdienst, daß man Euren Rat nicht befolgen konnte. Ihr meint, der Arme ist zu dumm, zu ungeschickt, meinen Geist zu benützen, man muß ihn laufen lassen. Wollt Ihr die Opfer, die Ihr bringt, gleich einer Ringmauer um Euch aufpacken, um geschieden zu sein von dem, der Wohltaten empfängt und dem, der sie austeilt? Fragt Euch! ob Ihr ein Leben solcher Abhängigkeit führen möchtet von denen, die Ihr in Eure Mildtätigkeitklauen gepackt haltet und sie zum Wappenhalter Eures Verdienststammbaumes macht. Nun also meint Ihr, daß aber zwei Drittel der Menschenschar das tragen könne und müsse, nämlich das Joch der Verpflichtung gegen Euch, für Nutznießung der vier Elemente. Das, was Ihr erniedrigend achtet für Euch, nämlich in Abhängigkeit der Wohltat zu stehen, wovor Euer Stolz ganz naturgemäß zurückschaudert, das soll andern zustehen! – Warum? – Wollt Ihr Eure Nebenmenschen nicht ebenso über den Stand vor andern sich zu demütigen erhaben wissen, wie Euch selbst? – Sollen sie durchaus Eurer Mildtat sich unterwerfen und in diesem Zustand der Erniedrigung verharren? Ist das der erste Grundstein, den Ihr zum Heil der Armutsmenschheit gelegt habt, so wisset, daß der zusammenstürzen wird und muß.

Letzt sagt ein Leutnant von hohem Adel vor mir, er tadle, daß der Hochselige König einem jüngern Offizier so leicht erlaubt habe zu heiraten und ihm allenfalls dazu 300 Tlr geschenkt mit dem Bemerken, daß, wenn er in so knappen Umständen zu riskieren den Mut habe, eine Familie durchzubringen, so müsse man ihn gewähren lassen und gern hülfreiche Hand leisten. Nun bekomme aber der Leutnant Kinder, beide haben das Gefühl ihres Standes, und ihr Seelenadel leide nicht, daß sie sich herabwürdigen, um allenfalls ein Handwerk zu ergreifen, einem Offizier könne es nur schmerzlich sein, die Söhne in einer Position unter ihm zu wissen, und es sei daher besser, der Vater habe lieber keine Familie gegründet; ich erwiderte hierauf, das Mißliche hierbei liege gänzlich im Vorurteil, ja, meint er, er gestehe es ein, daß es ein Vorurteil sein könne, allein, dies Vorurteil hänge mit seiner ganzen Existenz zusammen und er werde es nie aufgeben. – Dies Vorurteil will eben keiner aufgeben, denjenigen unter sich herabzuwürdigen, der um seine produktive Existenz ringen muß! – Und weil solche, die den Mut nicht haben, noch das Talent, noch die allein aus vaterländischer Kraft entspringende Energie dazu, so halten sie diesen edlen Schwung freier Selbsttätigkeit mit dem Vorurteil der Schmach nieder! O wie viel weniger Hochgeboren seid Ihr, die Ihr im Schlamm untertäniger Heuchelei watet, um den Born der Gnade für Euch auszuschöpfen, während jene andre das weit edlere Vorurteil haben: durch Kraft und Ausdauer, und ohne Niedergeschlagenheit, die Schicksalsstürme durchzukämpfen, um mit der eignen Anstrengung dem Staat wie gesundes rasches tätiges Blut in den Adern zu hüpfen und ihm die Elastizität unverkümmerter Jugendkraft zu geben. – Ist das demjenigen nicht genügend, der als Leutnant nicht möchte einen Handwerker zum Sohn haben?

O Ihr Leutnante, Ihr seid arm und doch habt Ihr Vorurteile gegen den, der sich selbst zu helfen im Stande

sein würde, der sein ganzes Leben hindurch alle Kräfte seines körperlichen wie geistigen Vermögens darauf hin verwendete, um selbständig einen Herd zu bauen, aus eigner Kraft eine Familie zu gründen, diese früh zur Selbständigkeit zu gewöhnen, nämlich dem Staat nicht zur Last zu fallen, sondern ihm zu dienen. – Ihr aber verkümmert lieber in Euch selber, tut Verzicht auf das lebendige Leben im Staate.
[bricht hier ab]

Bettina geht also von der Beantwortung der Preisfrage, so wie Svederus, aus. Die Fragen waren offenbar 1844 noch einmal gestellt worden, nachdem sie zwei Jahre vorher unbeantwortet geblieben waren. Auch Bettina beantwortet sie nicht. Nur Hohn und Abscheu erfüllen sie darüber, daß man diese Fragen überhaupt gestellt hat. Sie kann darin nur Ohnmacht sehen und ein Ausweichen vor der drängenden Aufgabe, den jetzt Darbenden zu helfen. Für den Sinn der auf das Historische, Theoretische, Volkswirtschaftliche zielenden Frage hat sie keinerlei Organ; denn in diesem ganz aufs Historische ausgerichteten Jahrhundert fehlt ihr völlig der historische Sinn. Sie war wohl die einzige in ganz Deutschland, die ihn um diese Zeit nicht in sich pflegen wollte und sich gegen ihn auflehnte. Sie kann nie, wie Schloeffel oder Svederus, etwas geschichtlich entwikkeln, um dadurch einer Wahrheit nahezukommen, da sie nur mythologisch erlebt und zu denken weiß. Darum sind ihre Briefromane alle ganz unhistorisch und mußten ein geschichts- und dokumententrunkenes Jahrhundert erschrecken und beleidigen. Das mythologische Erlebnis entspringt immer einer Gegenwart, immer dem Augenblick, und seine Grundlagen sind nicht historisch, sondern ruhen auf dem ewig unveränderlichen Seinsgehalt der menschlichen Seele. So darf man ihre vielen mythologischen Anspielungen, ihre Ausblicke auf Antike und Urgeschichte nicht als schmückenden Bildungsprunk mißverstehen. Das sind ihr Wirklichkeiten. So beginnt sie ihren Diskurs über die schlesischen Weber nicht mit der Kontinentalsperre, sondern mit dem Paradies und schafft sich damit sofort die ihr gemäße Ebene, von der allein ihr die Erkenntnisse fließen. Auch die Armut selbst wird ihr faßbar und darstellbar nur in einem großen mythischen Bild, dem Abgrund. Er ist durch eine Art von »Naturumwälzung« entstanden, eine kosmische Katastrophe. Die Verarmung kann Bettina nicht als »Pauperismus«, also als notwendige Folge gewisser industriegeschichtlicher Entwicklungen erkennen. In der Armut sieht sie einen unverschuldeten Sündenfall, den zweiten, der die Menschheit heimgesucht hat. Von der christlichen Theologie her ist das natürlich ein unsinniger, paradoxaler Begriff. In der antiken Tragödie (wie übrigens auch im keltischen Mythenkreis) hingegen steckt die Darstellung des unverschuldeten Sündenfalles die Bereiche zwischen Göttlichem und Menschlichem ab. Die Armen haben durch ihre Armut aufgehört, im Stand der Gnade zu leben. Aber die göttliche Liebe duldet keine antikische Ausweglosigkeit, da eben ihre Schuldlosigkeit den Armen gewisse Rechte gibt, vor allem das der Selbshilfe, die nicht etwa einer historisch bedingten Revolution gleichzusetzen ist, sondern aus einem den Armen von Gott selbst aufgegebenen

Auftrag entspringt. »Hilft der Mensch sich selber, so ist die göttliche Allgewalt geborgen, die der Teufel untergraben will«, schreibt Bettina in ihrem Entwurf, wobei »Gott« und »Teufel« immer auch zugleich als mythische Chiffren für »König« und »schlechte Ratgeber« zu verstehen sind. Aus der echten Selbsthilfe entspringt ja das Vertrauensverhältnis zwischen König und Volk. »Christus war der größte Philosoph«, so spricht der Dämon zum schlafenden König, »und fand es in sich, wie du es in dir kannst finden, daß nur der Sinnenmensch nach Freiheit schnauft, der Geist aber sehnt sich nach Unterwerfung unter die Harmonie der Gesetze, die, ineinander widerhallend, auch voneinander abhängen. Einverstehen mit dieser Harmonie ist Übereinstimmen mit Gott – ist Natur eines unendlichen Bewußtseins.« (VII, 158) Denn »der machtvollkommne Geist wandelt in Geistestreue die Empörung – und dies ist Lebensaufgabe dem weisen Herrscher.« (VII, 131) Dabei ist Bettina weit davon entfernt, die Armut sentimentalisieren zu wollen. Nichts Edles und Rührendes entsteht aus ihr. Sie ist keine göttliche Prüfung, die auf die Läuterung der Leiden zielt. Nein, sie schafft Roheit, Unwissenheit und Sittenverderbnis. »Diese verzweifelte Armut, die von sich nichts weiß, weil sie nie einen sorglosen Augenblick hatte, wo sie sich selbst konnte gewahr werden, sondern ewig am Strang der Bedürfnisse zog«, beschreibt Bettina in ihrem Brief an den König, in dem sie für Schloeffel eintritt[53]. Abgeschafft kann die Armut nicht etwa dadurch werden, daß man die Armen zu Reichen macht, sondern nur dadurch, daß man ihnen, als Armen, vielleicht

53 Geiger, op. cit., S. 83

in »Armenkolonien«, menschenwürdige Rechte, Verantwortung und gebührenden Einfluß auf das Staatswesen verschafft; oder, um es in Bettinas Symbolsprache zu sagen: der Abgrund, in den sie gefallen sind, muß aufgefüllt werden, um sie wieder menschlich zu machen. Es gibt einen »erhabnen Standpunkt des Nichtshabens und Nichtsbedürfens«, wie ihn der »Proletarier« des Dämonenbuchs verkündet (VII, 264). Diese Auffüllung des Abgrunds kann nicht durch Barmherzigkeit und gefühlvolles Lindern einzelner Notstände erreicht werden. Für den almosengebenden Reichen bewahrt Bettina ihren bittersten Spott auf. Noch im Dämonenbuch findet sie herrliche Worte dafür: »Des Volkes Stolz ist Selbsterhaltung. Ihr entspringt die glückliche Beschränktheit seiner Genüsse, wie aus der goldnen Sonntagsruhe auch die Kraft der schaffenden Woche ihm hervorgeht, mit der es die nachkommenden Geschlechter dem Herrscher pflegt, der Vater und Mutter ihm sein soll, aber grausam das Unkraut der Verwilderung ihm ins Herz pflanzt und ihm lehrt die Waffen richten auf seine Pfleger und Gefährten der Not. – Das bedenkt der nicht, der Wohltaten ihm zuzählt und den Dank dafür heischt.« (VII, 123) Sie verlangt nichts weniger als eine große innere Neuerschaffung des Menschlichen bei den Armen selbst, mehr noch bei den Reichen und vor allem beim König. Bettina kennt keine Stufungen und soziologischen Begriffe; wie im Märchenbuch gibt es bei ihr nur »die Armen« und »die Reichen«. Die Armen gehören dabei nicht irgendeiner Klasse an, denn der arme adlige Leutnant ist ebenso ein Armer wie die schlesischen Weber. Nicht also auf Umwälzungen der gesellschaft-

lichen Ordnung, nicht auf Mildtätigkeit und nicht auf eine neue Organisation des Arbeitsprozesses zielt Bettina, sondern im Grunde auf das Tremendum, das Ungeheure, den Neuen Menschen. »Du denkst das Ungeheuere in mir«, läßt sie den schlafenden König einmal sagen (VII, 162). Das ist eigentlich eine religiöse Forderung und der Ausdruck ihres mythologischen Erlebens. Nur daher sind die sonderbaren Worte des »Proletariers« im Dämonenbuch zu verstehen, wenn er im Reigen der verklärten Stimmen am Schluß dem König sagen kann: »Armut war unsre Amme, aus ihren Brüsten sogen wir die Liebe zu dir.« (VII, 292)
Wenn immer Bettina diese mythologische Ebene verläßt, in solch realistischen Erzählungen, wie denen vom armen Leutnant, von den Kindern im Walde und dem Verkauf der Leinwand, wird sie hier, wo sie als Genius der Menschheit sprechen will, unsicher und stillos. Sie hat diese Stilbrüche immer bemerkt. Hätte sie diesen fünf Entwürfen weitere fünf hinzugefügt, wäre wohl alles zu einer schönen Einheit zusammengeschmolzen.
Es waren wohl nicht nur politische und äußere Gründe, die die Vollendung des Armenbuches nicht erlaubten. Sie hatte sich hier eine ganz andre Aufgabe gestellt als in allen ihren andern Büchern, sich auf eine ihr wesensfremde Art eingelassen: Erkenntnisse und Hilfsmittel aufzuzeichnen, ohne aber sich selber dabei darzustellen. Diese Aufgabe war für sie nicht zu lösen. Eine dauernde Spannung entsteht dadurch, daß sie mit unendlicher Mühe sich zurückhält, selbst mitten in diesen Aufruf für die Armen hineinzuspringen, mitzuerleben, ihren Tageslauf, ihre Freunde zu beschreiben, ihre

Gespräche mitzuteilen, sich zu interpretieren und weiterzudichten. Im ersten Entwurf werden die Worte so rasch hingeworfen; Altes bleibt stehen, auch wenn eine neue Konstruktion beginnt, die erst die zweite Fassung verständlich macht. Es beginnt, der Aufgabe gemäß, unpersönlich: »Nehmt Ihr an...«; dann aber heißt es »Nehm ich an...«, und der Ausbruch ins Persönliche muß wieder rückgängig gemacht werden. So lautet es denn schließlich: »Wenn wir anerkennen...«, »Red ich zum Volk...«, das konnte nach Art einer Predigt stehenbleiben. Der erste Entwurf aber bricht da ab, wo die Einführung des Ich fast unvermeidlich geworden wäre, nämlich da, wo sie sich selbst als »unmündigen Laien« einführt. Im zweiten Entwurf kommt ihr unversehens der Satz »da ich am Ende meiner Erdenbahn mir sagen kann ich habe« unter die Feder und muß sofort gestrichen werden. Aber aus dem dritten und vierten läßt sich die autobiographische Klostererzählung, durch die der Königsmythos unterbaut wird, nicht mehr tilgen. Doch die Leutnantsgeschichte wäre wohl als persönlich dazwischentretendes Element verschwunden, wenn die letzte Überarbeitung bis zu der Stelle fortgesetzt worden wäre. In der Variante zum letzten Entwurf aber läßt sich plötzlich das Ich nicht mehr verdrängen. Sie vergißt, will vergessen, daß sie immer nur »er« geschrieben hatte, wenn sie von dem guten Geist, der sich der Zeit annimmt, sprach. So fügt sie dem Satz: »O Seelig wer einer großen Idee lebt die er höher achtet als Ruf und Nachruf, als Ruhm und Tadel« den nächsten hinzu: »Ich verachte beide.« Nun ist es, als seien die Schleusen geöffnet, durch die in großer Befreiung endlich das so lange aufgestaute Ich hinfließen kann. Es folgt die wohl kühnste und stolzeste Apologia und Selbstdeutung Bettinas, die es gibt, bis sich ihr schließlich die Subjekte zwischen dritter und erster Person so heillos verwirren, daß sie abbrechen muß und die ganze Stelle in der wohl späteren großen Fassung wieder ausmerzt. Dieser dauernden standhaft versuchten Selbstverleugnung war sie nicht gewachsen.

Man kann daher wohl mit ziemlicher Sicherheit erschließen, daß der Text mit dem Auszug aus der Breslauer Zeitung einer früheren Stufe angehört als die letzte Fassung des großen Textes, denn in dem Bekenntnis, sie möchte wohl der König von Preußen sein, spricht sie in einem Ton, den sie sich im großen Text verbietet und den sie erst, sibyllinisch stilisiert, im Dämonenbuch ganz ausschwingen läßt.

Aus diesem Entwurf geht auch deutlich hervor, daß das Dämonenbuch in veränderter Form die wirkliche Entsprechung des nicht erschienenen Armenbuches ist. Die Episode mit dem Ehrenkreuzträger mit dem Spinnfinger, der in der zweiten Fassung als nachträglicher Hinweis zu weiterer Ausführung eingetragen und in der letzten Fassung dann ausgeführt wird, tritt im Dämonenbuch noch einmal auf, fast wie eine Chiffre, die erst jetzt verständlich wird:

»Dämon: Wie im Land der Pumpernickel und Schinken, in dem das Volk verhungert, und im Land der feurigen Weine, von Schweiß getränkt, das jährlichen Tribut zahlt an verschmachteten Untertanen, und im Land der Leinweber, die arbeitmüde vom Abfall der Spindel ihr Leichenhemd sich weben. Denn zu viel sittlich Gefühl hat ja der Hemdlose, um unbehemdet seinem göttlichen Richter sich zu stellen – und der Ritter vom Eisernen Kreuz, vom Spinnrocken entlassen, weil im Arm, der das Schwert fürs Vaterland einst führte, ihm nicht Kraft mehr ist, den Faden rund zu drehen.« (VII, 106f.)

Das mythologische Schattentheater der Einflüsterer und falschen Berater des Königs kommt schon im Königsbuch als Andeutung vor. Auch hier läßt Bettina die Frau Rat für sich sprechen:

»Ach, die Schwachheit der Fürsten, ihre Eitelkeit, ihre Nachgiebigkeit gegen die Speichelleckerei, und was draus erfolgt; Verkennen vom wahren Verdienst, Verbannung der Getreuen, die einen Seherblick haben in die Zukunft; und dann die bösen Ränke, die einen edlen Fürstengeist umstellen, bis sein Seelenadel auf den Tod verletzt ist, wodurch ein elendig Trauerspiel herbeigeführt wird... wo ihre Trabanten einen Nebelkreis von Lügen um sie ausdünsten und kein Wahrheitsheld ist da, diesem Übel zu steuern.« (VI, 144)

Ein Detail für den Auftritt des Kaufmanns bei den Webern konnte Bettina aus der Breslauer Zeitung entnehmen. Sie bewahrte die Nummer vom 24. Februar 1844 auf, wo ein Artikel mit der Überschrift »Das Beschreiben der Leinwand« stand, dessen Anfang lautete: »Es ist neuerlich der Unfug häufiger besprochen worden, den sich mehrere Kaufleute mit der ihnen von den Webern angebotenen Leinwand erlauben, indem sie den Preis, welchen sie den Webern geboten, auch wenn sie nicht kaufen, mit einer unauslöschlichen Schrift auf der Ware verzeichnen.«

VI Die Erzählung vom Heckebeutel

Im Konvolut der Armenpapiere findet sich schließlich noch eine Kostbarkeit Bettinischer Erzählkunst. Dieser Text kann nicht als eigentlicher Teil des Armenbuches gedacht gewesen sein. Er entstand ja erst ein Jahr später, als der Plan zu dem Buche schon fallengelassen war. Auch ist diese Armengeschichte in Ton und Ausdruck völlig verschieden von allem Übrigen. Hier spricht nicht die Sibylle, sondern die in der Gesellschaft stehende Baronin Arnim. Nicht Ideen, sondern die Beschreibung eines Menschen. Der Bericht war vermutlich an den Prinzen Waldemar gerichtet, der dem Hause nahestand und mit den Töchtern Maxe und Armgart befreundet war.

Auch diese Erzählung liegt in zwei Fassungen vor, zu denen es noch eine ergänzende Reinschrift des Schlusses und eine Schlußvariante von fremder Hand gibt. Die zweite Fassung weist kleine Milderungen des Volkstümlichen und Derben auf und hat eine korrektere Zeichensetzung.

Wir folgen hier dieser zweiten Fassung.

Der Text [Zweite Fassung]

Fortsetzung des Berichtes über zwei Friedrich d'or, deren Verwendung für die Armen von seiner Königlichen Hoheit dem Prinzen von Preußen den beiden Arnimskindern übertragen wurde.

Ich setze voraus, daß jener Antrag, meinen Ankauf eines Soldatenlebens von Anno 1831, wieder rückgängig zu machen, (welches mir bloß am Herzen liegt, um etwaigen schmutzigen polizeilichen Antastungen nicht ausgesetzt zu sein)[54] von seiner Königlichen Hoheit, gnädigst genehmigt sei, und habe daher das Kapital von 4 Tlr 20 Gr: wieder in die Kasse zurückfließen lassen. Einem genauen Bericht, wie dies Geld angewendet werde, stellt sich jedoch entgegen, daß es in einen Beutel gefallen, worin das Geld gleich jenem berühmten Heckpfennig sich immer wieder erneut, so oft es bei erheblichen Anlässen verausgabt wird.
Zum Beispiel: Eine alte Frau kommt an meine Türe, groß wie jene auserlesnen Frauen Deutschlands, welche zu den preußischen Grenadier-Regimentern das ihre getan haben. Das hab ich auch, sagt die alte Frau; von drei mächtig großen Grenadieren bin ich Mutter, und noch einen Sohn hatte ich, der war aber nicht groß gewachsen. – Sie trat ein, ich nahm ihr die Kiepe ab und lobte ihr reinliches schönes Ansehen. Vor 10 Jahren, sagte sie, hätte ich dies für keine Schmeichelei genommen, aber im 90ten Jahr bleicht die Schönheit ab, und man kann Gott danken, wenn man seinen gesunden Verstand behält; ich kann die ganze Bibel auslegen und meine Enkel alles lehren, ich habe drei Enkel, noch ganz junge Waisen, an mich genommen, da war ich 80 Jahre alt, das ist 9 Jahre her; meine Tochter war an einen Zimmermann verheiratet, der ist verunglückt bei dem Bau der Potsdamer Kirche. Da haben sie ihr ihn tot ins Haus gebracht. Nach seinem Tod hat sie ein Kind geboren, das starb ihm nach, dann hat sie es auch

54 Worum es sich hier im einzelnen handelte, war nicht festzustellen.

gemacht wie das Kind und hat gar manchmal in ihrer abzehrenden Krankheit gesagt: Das Kind hat seinem Vater mehr nachgebangt wie ich. – Auf ihrem Todesbett sagte sie: Mutter, verlassen Sie die Kinder nicht. – Der älteste war damals 6 Jahre alt, der ist jetzt konfirmiert, bei einem Schuhmacher in der Lehre und hat einen guten Sonntagsrock. Dies Jahr wird die älteste Tochter eingesegnet, sie hat aber noch kein Kleid, ich hoffe auf gute Menschen, die mir dazu verhelfen! – Sie erzählte, ihr Vater sei als Fähnrich im Siebenjährigen Krieg geblieben; er war baumstark, sagte sie, und so groß, daß er an die Decke reichte; ich bin anno 1756 geboren und war 6 Jahr alt, wie meine Mutter den Todesfall zu hören kriegte, da hatte sie die Schere in der Hand. Sie ward ohnmächtig, die Schere fiel ihr in die Arbeit und riß ein Loch hinein, sie war Goldstickerin, die Arbeit sollte 20 Dukaten kosten, die mußte sie von neuem anfangen, das war ein salzig Stück Brot von Tränen, denn sie blieb allein mit 9 Kindern, die sind alle Soldaten gewesen, bis auf einen, der war Kunstgärtner in Holland, der ist jetzt 100 Jahre alt, wenn er noch lebt; die andern sind alle im Feld geblieben anno 1793, bei Valenciennes und Mons, da blieb auch mein Mann, der war ein so großer Grenadier, ich ging ihm unter dem Arm durch, und ich hatte doch 7ben Zoll; ich blieb allein mit 4 Söhnen und einer Tochter; die Söhne sind alle im Krieg geblieben. Anno 1806 und 7ben, drei liegen unter dem Rasen bei Jena, der vierte war nicht ganz gut gewachsen und nicht Soldat, aber mußte doch auch im Krieg sein Leben lassen, bei der Einnahme von Magdeburg, da bekamen wir 40 Mann zu verpflegen, wir hatten alles dazu aufgeboten, aber nun kam ein zweiter

Sturm Leute ohne Quartierzettel, die wollten auch noch versorgt sein, mein Sohn wollte ihnen verständigen, daß kein Platz mehr sei, da stach ihm ein Soldat mit dem Bajonett in den Leib, daß die Eingeweide herausfielen, er lag da am Boden, keiner konnte ihm helfen, der Geist war herausgeflogen, meine Tochter deckte ein schneeweiß Tuch über ihn und setzte sich neben ihn, und hielt Wache bei dem Toten; da kam ein vornehmer Offizier, der sah sie da sitzen und zittern neben dem toten Bruder, das jammerte ihn so sehr, da lamentierten die Nachbarn und alle Leute, das war ein rechter Volksspektakel. Ich wußte gar nichts von mir, und machte alles, wie es nottat bei der großen Mannschaft, die ich allein versorgen mußte; da war ich so müde, wie alles schlafen war, legt ich mich zu meiner Tochter neben die Leiche und schlief ein. Da war die Sonne noch nicht herauf, so hörten wir die Trommel gehn; sie holten mich unter die Soldaten, ich sollte sagen, welcher es sei, der nach meinem Sohn gestochen hatte, ich war ganz erschrocken und wollte wieder fort, da kam aber einer auf mich zu und fragte, ob ich ihm verzeihen wollte, er sei es gewesen; ich hab ihm auch von Herzen verziehen, aber eine Stunde drauf haben sie ihn doch erschossen.
Ihre Tochter hat sich mit ihr durch feine Handarbeit ernährt, dann hat sie den Zimmermann geheiratet; wie die beiden Eltern nun gestorben waren, hat die alte Großmutter für jedes Enkelkind alle Monat 6 Groschen von der Dorfgemeine erhalten; abends wenn es dämmerte hat sie mit den Enkelkindern Kräuter gesucht und getrocknet, und dann in Berlin in die Apotheken verkauft. Ich fragte, wieviel sie dafür bekomme.

»Für eine gedrückte Kiepe voll 8 Groschen. Ach, da muß man sich oft bücken«, sagte sie, »bis man so viel beisammen hat, und dann der weite Weg in die Stadt, und der Winter, wo es keine Kräuter giebt. – Da muß man Holz suchen im Schnee, dann wills nicht brennen, und giebt einen Qualm, es tät not, man sperrt Tür und Fenster auf; aber es sind so schon Löcher in den Wänden, der Zugwind geht immer so durch; wenns dann endlich hell brennt, dann ists zum ansehen, aber nicht zum wärmen. Sie werdens kaum glauben, gnädiges Frauchen, aber so hoch wie ich sitze, so hoch ist auch das Eis rings an den Wänden ausgeschlagen, es ist diesen Winter nicht zum Aushalten: hätt ich doch zwei Thlrchen zu einem Füderchen Holz! –« Dies Geld fand sich in dem Heckebeutel für sie. Nun war sie sehr erfreut, sie rühmte ihre Beredsamkeit, und subtilen Verstand, womit sie die Leute bewege, ihr immer das Notwendige zu geben.

Auf meine Frage, von was sie lebe, sagte sie, von Brotsuppe und etwas Kümmel, denn Butter könne sie nicht kaufen, sie esse das Dünne von der Suppe und ihre Enkel das Dicke. – Sie kam kurz vor der Einsegnung wieder und holte das Kleid für die Enkelin, was ihr versprochen war, und sagte, jetzt hoffe sie wieder emporzukommen, wenn ihr nur ein Mensch wolle 8 Thlr leihen, dann wolle sie mit ihrer Enkelin, die jetzt aus der Schule bleibe, auf den Dörfern umher Butter, Eier, Hühner, Tauben, Mehl und Grützen einkaufen und sie wieder in der Stadt verkaufen, damit sie ihren Enkelkindern einen Erwerbszweig könne hinterlassen. – Die 8 Thlr fanden sich im Heckebeutel! – Wie froh war die alte Frau! – Sie lobte Gott, der ihren hellen Verstand bis in ihr spätes Alter ihr gelassen, um die Leute zum Guten zu bereden. Das Geld wolle sie nach und nach wieder abtragen. – Ich sah die Frau lange nicht wieder, ich schickte einen Bedienten nach Glienicke, er war ein Frommer, der rings in der Nachbarschaft die Leute bekehrte, und meine Gottlosigkeit zum Text seiner Predigten nahm; er kam zurück und hatte die Frau nicht gefunden. – Kurz vor Pfingsten begegnete ich die Frau auf der Straße mit der Kiepe auf dem Rücken. Ich packe sie in eine Droschke, sie sieht ganz elend aus; sie greift in die Tasche, holt wenige Groschen heraus, das ist alles, was noch übrig ist von den 8 Thlrn. Das Enkelkind war zu Ostern zum Abendmahl gegangen, als sie aus der Kirche kommt, sagt sie: »Großmutter, ich will mich legen«, den zweiten Tag war sie tot. – Das Begräbnis hat 6 Thlr 4 Gr gekostet; da wollte sie kommen und es mir klagen, aber die jüngste Enkelin jammerte so, daß sie nicht allein bleiben wollte, so ist sie dort geblieben, bis das Geld alle war; nun muß ich aber doch wieder in die Stadt, sagte sie, um das bißchen Brot zu suchen, was mir hier beschert ist; da hat das Kind so lamentiert, ich könnte unterwegs einmal sterben und nicht wiederkommen. Dummes Kind, hab ich gesagt, ich werde nicht sterben, so lang du noch in der Schule bist; aber da wärs doch bald anders gekommen, da rasselt ein Wagen daher und über mich weg, davon tut mir die Brust so sehr weh, sie haben mir ein groß Pflaster draufgelegt. – Jetzt hätte ich aber eine große Bitte, liebes gnädiges Frauchen, wenn Sie mir fünf Thlrchen wollten geben, dann nehm ich meinen Enkelsohn aus der Lehre, der kann mir dann auf den Dörfern umher alles einkaufen und dann kann er mit mir in die Stadt und alles wieder verkaufen. – Die fünf Thlr fanden sich im Heckebeutel; – sie freute sich abermals, daß Gott sie mit einem so guten Verstand begabt habe, um ihr Anliegen ordentlich und deutlich vorzubringen, daß sie es zum Besten ihrer Enkelkinder anwenden könne; und sie werde gewiß alles bei Heller und Pfennig wieder ersetzen; ich solle nun auch auf Pfingsten ja nichts in die Wirtschaft kaufen, sie werde alles selbst bringen, das solle die erste Rückzahlung sein. – Pfingsten war gekommen, aber nicht die Frau! – jedoch gleich nach Pfingsten erschien sie ganz ermattet, und erzählte, der Schuhmachermeister, bei dem ihr Sohn in der Lehre stehe, wolle ihn nicht loslassen, er müsse erst seine Lehrjahre ausdienen; nun würde sie freilich nichts können anfangen; so aber, sei ein Mann im Fahrland gestorben, der habe eine Karre mit einem Hund hinterlassen, für 7ben Thlr sei die zu verkaufen; wenn ich den Hund mit der Karre habe, dann kann ich mir helfen, dann fahr ich am Sonnabend, wo keine Schule ist, mit meinem jüngsten Enkelkind auf die Dörfer und hole alles ein. Ach, liebes gnädiges Frauchen, geben Sie mir die 7ben Thälerchen, Sie können sich drauf verlassen, am nächsten Montag werd ich Ihnen von der allerbesten Sahne mitbringen, und da dürfen Sie keinen Heller bezahlen. Nein! das leidet meine Ehre nicht! – Die 7ben Thaler fanden sich im Heckebeutel, die Frau lobte mich gar sehr. »Wenn ich nun alles so eingerichtet hab«, sagte sie, »daß auch nach meinem Tod Ihnen richtig wieder abgetragen wird, was ich von Ihnen geborgt habe, dann will ich mich zu Hause ausruhen und mein Stündchen abwarten. Aber einmal will ich doch noch kommen vor meinem Tod, denn Sie sind mein Schutzengel, und sehen Sie, gnädiges Frauchen, es ist doch eine große Gnade von Gott, daß ich gute Herzen so bereden kann zum besten.« – Ja, sagt ich, Sie hat ein großes Genie zur Beredsamkeit, man könnt es in der Zeitung rühmen! – Die Frau wollte eben ihren mühselgen weiten Rückweg antreten, da kam ein großer Regen, ich gab ihr einen Schirm, wie vergnügt ging sie nun mit der Kiepe auf dem Rücken unter ihrem eignen Dach, ganz ohne Mühe, der Schirm war an der Kiepe befestigt. –

Sie kam zum rechten Tag wieder, allein ohne Marktwaren, sie war recht vergnügt. Die Sachen hab ich nicht mitbringen können, sagte sie, den Hund mit der Karre hab ich aber gekauft, das Tier frißt mehr an einem Tag, als wir die ganze Woche verzehren, da müssen wir sehen, wie wir zurecht kommen, den Hund kann ich nicht darben lassen, er ist unser Broterwerber, nein das tu ich nicht, lieber will *ich* darben. Aber liebes gnädiges Frauchen, Sie sind meine Zuflucht, Sie wissen, daß der Arme, dem es an allem fehlt, doch auch leben muß, denn Gott hat ihm den Atem eingeblasen; ich wär verhungert oder verfroren diesen Winter, hätt ich Sie nicht gehabt; ein Menschenleben ist nicht zu teuer bezahlt, wenn Sie noch eine 5 Thlrchen drangeben, daß ich meine Runde machen kann mit dem Hund, in den Dörfern muß man Herberge und Wegzehrung für den Hund zahlen, das läuft ins Geld! – Der Heckebeutel hatte diesmal nur 4 Thlr, mehr war nicht drin. – Nun! ich werde Ihnen alles gedoppelt wieder einbringen, sagte sie. Sie dürfen jetzt für nichts mehr in der Wirtschaft sorgen, alles soll im Überfluß ins Haus gebracht werden, von mir und meinen Enkelkindern; aber Gott muß ich doch loben über meine Klugheit in meinem hohen Alter, er weiß die Herzen zwar zu lenken, aber wenn man so dumm ist und versteht seine Winke nicht, so hilfts zu nichts! Nun sehen Sie, wie ich mich aber danach zu richten versteh, und kann alles gedoppelt wieder einbringen, was ich mit meiner Beredsamkeit mir hab erworben? – Ich mußte der Frau recht geben. – Als sie fort war, kamen jene zwei Friedrichsd'or, von seiner Königlichen Hoheit in den Heckebeutel der Armen! Wem sollten sie bestimmt sein? – Die *Steinalte* hatte das Unmögliche versucht, um im 90sten Jahr noch mit eignen Kräften eine unabhängige Existenz zu erwerben, diese langten nicht aus, das war vorauszusehen. Wenn aber ein alter Krieger, der vielen Siegen voranstritt, endlich noch in eine letzte Fehde verwickelt, selbst die Waffen zu führen sich nicht enthalten kann; sollte er auch unterliegen; so ist er dennoch der größere Held! Eben so ist diese Frau, deren Vater unter Friedrich dem Zweiten sein Leben drangab, um Preußen groß zu machen, deren Mann und sieben Brüder in den mörderischen Scharmützeln von Mons und Valenciennes anno dreiundneunzig mit ihrem Blute das französische Feld tränkten, deren drei Söhne bei den ersten kriegerischen Wallungen Anno 1806 und 7ben gegen das fremde Joch, wie Gold in einem Feuer zusammenschmolz mit der Begeistrung des Prinzen Louis Ferdinand, dessen Wunden zusammen mit den ihren gen Himmel rauchten. Ja, eben so groß ist dieser alten Frau Mut, mit eignen Kräften auf dieser, den Armen treulosen, Welt ihren Enkelkindern eine sichre Stelle gründen zu wollen. Keiner denke hier das Falsche, als habe sie nicht den ernsten Willen gehabt zu dem Vorhaben. Die Frau hat nach geprüfter Weise vertraut auf die feste Ausdauer; das einzige, woran sie nicht glauben kann, ist an ihre gesunkne Kraft. Nein! Das Blut, was aus Helden stammt, und wieder Helden dem Vaterland gegeben hat, verläßt sich auf die eigne Energie; und bisher hat es ihr geglückt, denn sie hat sich die Pfenninge des Heckebeutels erobert, und ist immer wieder mit erfrischtem Mut drangegangen, ihn auszukeltern. Diese zwei Friedrichsd'or des Prinzen von Preußen, die jetzt im Heckebeutel liegen, sollten sie nicht der übermenschlichen ungebrochnen Zuversicht dieser Frau zur Beute werden? – Eine fürstliche Gesinnung wird keiner verleumderischen Ansicht Raum geben, noch das Böse glauben, wo sie das Gute voraussetzen darf; denn das sind Kümmernisse feiler Seelen, die nicht an die Hoheit reichen. Sorgenfrei soll das Haupt strahlen, das Gnadengaben austeilt, ob sie auch richtig angewendet sind. So zum wenigsten denke ich, die von des Prinzen von Preußen Hoheit gewürdigt ist, diese zwei Friedrichsd'or den Armen zu spenden, wenn es mir nachgeht, so huldige der Prinz von Preußen der Beredsamkeit dieser 90jährigen Grenadier-Mutter, und ich sende dann einen Eilboten nach dem Fahrlande mit dem Gold aus dem Heckebeutel; sie wohnt dort in der Bruchstraße No 35 bei dem Hauseigentümer Koch. –

Doch es war kein Bote nötig, eben heute, am 11ten Juni morgens um 7 Uhr, als ich noch schlief, war sie schon von Charlottenburg herüber gewandert; sie will um 11 Uhr mit der Eisenbahn nach Potsdam, dort muß sie ja einen Gewerbschein lösen, sonst darf sie nicht hausieren gehen; der Gewerbschein muß aufs ganze Jahr gelöst werden, doch kann man ihn 4teljährig abtragen. – Und wenn nun einer verarmt und kann das Gewerb nicht fortsetzen, so muß er zum wenigsten ein Jahr lang den Gewerbschein bezahlen. – Also, wenn die Armut verarmt bei ihrem Gewerb, so muß sie sich am Versuch verbluten, sich empor zu arbeiten! – Ja! sagt die Frau, den König will ich nicht betrügen, der muß das Seinige haben, nein, ich will mit Ehren in die Gruft. Wollte ich nicht den Gewerbschein lösen, wo doch alle die Meinigen Königsleute waren und sind unter der preußischen Fahne geblieben! – Nein, ich werd meine Schuldigkeit tun und dem König das Seine abtragen! – Aber Frau, Sie hat es ja nicht, und kann ja morgen sterben! – Das kann nichts helfen, dem Hund mit der Karre muß ich den ganzen Tag Brot und Kartoffel einbrocken, und nun sollt er mir nicht sein Jahr Gewerbschein lösen! Das geht nicht, der Hund muß dran. Willst Du fressen und nicht dem König das Seinige einbringen! – Das will ich dir bald lehren! – So wie ich das erste 4tel Jahr Gewerbschein abgetragen hab, wird er mit Sonnenaufgang eingespannt, und nun zieh'. Du sollst dein Brot im Schweiß deines Angesichts essen! – Das hat Gott zum Stammvater der Menschen gesagt, das muß dem Hund auch recht sein! – Aber liebe Frau, 12 oder 16 Thlr. Gewerbschein kann Sie doch nicht herbeischaffen, mit was will sie jetzt sich den Gewerbschein lösen in Potsdam? – Ja, liebes gnädiges Frauchen, ich verlasse mich auf Gott und gute Menschen, die auf kluge Reden hören, die sich verwarnen lassen, ich bin im nächsten Januar neunzig Jahr alt, ich hab meinen hellen Kopf, dem großen christlichen Gebot soll die Christenheit

folgen: tue Deinem Nächsten, was Du willst, das man Dir selbst tue; gnädiges Frauchen, von Ihnen kann ichs nicht fordern, Sie haben Ihre Pflicht an mir getan, aber ein jeder wird mir zugestehen, daß, wenn er einen Gewerbschein zu lösen hat! und der Beutel ist leer, der wollt, daß der nächste, der was im Beutel hat, ihm den Schein bezahlt; also sehen Sie wohl, wie schön das Gebot des Herrn jedem ins Herz geschrieben ist. Ja, könnten die reichen Leute Gottes Schrift im eignen Herzen lesen, da würden mehr Gewerbscheine gelöst, als die Armut zu ihrer Handierung braucht.
– Ich gab ihr hier das eine Goldstück aus dem Heckebeutel und bedeutete ihr, das Geld sei nicht mein, sondern dem Prinzen von Preußen! – Die Frau nahm es mit gutem Mut und hofft, mit nächstem seiner Königlichen Hoheit es mit Zins wieder einzubringen! – Ihre Begeistrung für ihre Beredsamkeit in ihrem hohen Alter ist dabei bedeutend gestiegen.
Diese kleine Armengeschichte ist ganz nach der Wahrheit geschildert und ist selbst dabei kein Wort hinzugesetzt von dem, was die Frau gesagt hat; – ich habe sie niedergeschrieben, weil meine Kinder mir sagten, seine Königliche Hoheit habe ihnen anbefohlen, die Verwendung der beiden Goldstücke ihm mitzuteilen. Allem Anschein nach wird das zweite Goldstück auch noch im Rauch der Hoffnungen dieser alten Sibylle aufgehen, wenn nicht seine Königliche Hoheit es anders bestimmen.
Ich habe hier nur eine aufrichtige Klugheit beschrieben, könnte ich doch auch jene einmal ans Licht ziehen, die man benützt, um einander zu überlisten, jene feinere Maske der Heuchelei, die sich Kultur nennen

läßt, und unter diesem feinen Namen einherschleicht im Gewande der Bescheidenheit und Selbstverleugnung und durch den Firnis der Weltklugheit und des schonenden Betragens gegen ihre Widersacher, welche ohne Vorbehalt die Wahrheit aussprechen, den Sieg davontragen bei jenen Herren der Welt, deren endliches Verderben allein ihrer Heuchelei zuzuschreiben ist.

Wie brentanosch diese Erzählung ist. Diese alte unbeirrte Frau, die aus dem Lande in die Stadt kommt, kennen wir ja in anderer Gestalt als die Großmutter in Clemens Brentanos »Bravem Kasperl und schönen Annerl«. So hat hier in Brentanoschem Umkreis die Wirklichkeit die Brentanosche Kunst nachgeahmt.
Es gibt kaum ein andres Jahr aus Bettinas Leben, dessen vielfältige Tätigkeiten wir so überblicken können, wie dieses Jahr 1844. Es beginnt mit dem Briefwechsel nach Schlesien und dem Sammeln der Listen. Dann erläßt sie in vielen Zeitungen ihren öffentlichen Aufruf. Eingaben und Kämpfe um die Freigabe des »Frühlingskranzes« ziehen sich bis in den Juni. Gleichzeitig setzt sie sich für den Schneidergesellen Otto und seine Mutter ein. Die Druckeinrichtung der Armenlisten erfolgt sofort; kurz danach die Überarbeitung und Druckeinrichtung des Buches von Svederus. Daneben ihre immer wieder abgeschriebenen Entwürfe für ihren Text zum Armenbuch. Ihr ausgedehnter Briefwechsel hört dabei nicht auf. Wieviel Zeit und Mühe sie allein auf die schwierigen Briefe an den König, an Alexander von Humboldt und an Carl Alexander von Sachsen-

Weimar verwandte, die immer zuerst entworfen und dann meist mit Varnhagen besprochen und geändert wurden. Ihre Töchter, die als die jüngsten der sieben Kinder noch im Hause waren, halfen ihr mit Abschriften. Und zu alledem war Bettina sehr gesellig, wie wir nicht nur aus Baiers Tagebuch aus dieser Zeit wissen, las abends gern vor und bewirtete andre. Ihre Arbeitskraft, Ausdauer und geistige Regsamkeit sind, selbst für jene Zeit, kaum zu glauben[55].

55 Die Nachforschungen nach den Druckbogen des Armenbuches im Humboldt-Nachlaß (vgl. S. 388) waren leider vergeblich. Alle mitgeteilten und besprochenen Armenbuchhandschriften liegen im Freien Deutschen Hochstift, das sie auf der Auktion Henrici/Berlin im Jahre 1929 erwerben konnte.

Romane, Erzählungen, Prosa

Apuleius. Der goldene Esel
Mit Illustrationen von Max Klinger zu »Amor und Psyche«. Aus dem Lateinischen von August Rode. Mit einem Nachwort von Wilhelm Haupt. it 146.

Honoré de Balzac. Die Frau von dreißig Jahren
Deutsch von W. Blochwitz. it 460
– Beamte, Schulden, Elegantes Leben
Eine Auswahl aus den journalistischen Arbeiten. Mit einem Nachwort herausgegeben von Wolfgang Drost und Karl Riha. Mit zeitgenössischen Karikaturen. it 346
– Das Mädchen mit den Goldaugen
Aus dem Französischen von Ernst Hardt. Vorwort Hugo von Hofmannsthal. Illustrationen Marcus Behmer. it 60

Joseph Bédier. Der Roman von Tristan und Isolde
Deutsch von Rudolf G. Binding. Mit Holzschnitten von 1484. it 387

Harriet Beecher-Stowe. Onkel Toms Hütte
In der Bearbeitung einer alten Übersetzung herausgegeben und mit einem Nachwort versehen von Wieland Herzfelde. Mit 27 Holzschnitten von George Cruikshank aus der englischen Ausgabe von 1852. it 272

Ambrose Bierce. Aus dem Wörterbuch des Teufels
Auswahl, Übersetzung und Nachwort von Dieter E. Zimmer. it 440
– Mein Lieblingsmord
Erzählungen. Aus dem Amerikanischen von G. Günther. it 39

Die Blümlein des heiligen Franziskus von Assisi
Aus dem Italienischen nach der Ausgabe der Tipografia Metastasio, Assisi 1901, von Rduolf G. Binding. Mit Initialen von Carl Weidemeyer. it 48

Giovanni di Boccaccio. Das Dekameron
Hundert Novellen. Ungekürzte Ausgabe. Aus dem Italienischen von Albert Wesselski und mit einer Einleitung versehen von André Jolles. Mit venezianischen Holzschnitten. Zwei Bände. it 7/8

Hermann Bote. Ein kurzweiliges Buch von Till Eulenspiegel aus dem Lande Braunschweig. Wie er sein Leben vollbracht hat. Sechsundneunzig seiner Geschichten.
Herausgegeben, in die Sprache unserer Zeit übertragen und mit Anmerkungen versehen von Siegfried H. Sichtermann. Mit zeitgenössischen Illustrationen. it 336

Romane, Erzählungen, Prosa

Emily Brontë. Die Sturmhöhe
Aus dem Englischen von Grete Rambach. it 141

Gottfried August Bürger. Wunderbare Reisen zu Wasser und zu Lande. Feldzüge und lustige Abenteuer des Freiherrn von Münchhausen. Mit Holzschnitten von Gustave Doré. it 207

Hans Carossa. Eine Kindheit und Verwandlungen einer Jugend
it 295/296

Lewis Carroll. Geschichten mit Knoten
Herausgegeben und übersetzt von W. E. Richartz. Mit Illustrationen von Arthur B. Frost. it 302

Miguel de Cervantes Saavedra. Der scharfsinnige Ritter Don Quixote von der Mancha
Mit einem Essay von Iwan Turgenjew und einem Nachwort von André Jolles. Mit Illustrationen von Gustave Doré. 3 Bände. it 109

Adelbert von Chamisso. Peter Schlemihls wundersame Geschichte
Nachwort von Thomas Mann. Illustriert von Emil Preetorius. it 27

James Fenimore Cooper. Die Lederstrumpferzählungen
In der Bearbeitung der Übersetzung von E. Kolb durch Rudolf Drescher. Mit Illustrationen von D. E. Darley. Vollständige Ausgabe.
it 179 Der Wildtöter · it 180 Der letzte Mohikaner · it 181 Der Pfadfinder · it 182 Die Ansiedler · it 183 Die Prärie

Alphonse Daudet. Briefe aus meiner Mühle
Aus dem Französischen von Alice Seiffert. Mit Illustrationen. it 446
– Tartarin von Tarascon. Die wunderbaren Abenteuer des Tartarin von Tarascon.
Mit Zeichnungen von Emil Preetorius. it 84

Honoré Daumier. Robert-Macaire – Der unsterbliche Betrüger
Drei Physiologien. Aus dem Französischen von Mario Spiro.
Herausgegeben und mit einem Nachwort versehen von Karl Riha.
it 249

Romane, Erzählungen, Prosa

Daniel Defoe. Robinson Crusoe
Mit Illustrationen von Ludwig Richter. it 41

Charles Dickens. Lebensgeschichte und gesammelte Erfahrungen David Copperfields des Jüngeren. Zwei Bände.
Mit Illustrationen von Phiz. Nach der ersten Buchausgabe des Romans London 1850. it 468
– Oliver Twist
Aus dem Englischen von Reinhard Kilbel. Mit einem Nachwort von Rudolf Marx und 24 Illustrationen von George Cruikshank. Vollständige Ausgabe. it 242
– Weihnachtserzählungen
Mit Illustrationen. it 358

Denis Diderot. Die Nonne
Mit einem Nachwort von Robert Mauzi. Der Text dieser Ausgabe beruht auf der ersten deutschen Übersetzung von 1797. it 31

Annette von Droste-Hülshoff. Die Judenbuche. Ein Sittengemälde aus dem gebirgigen Westfalen. Mit Illustrationen von Max Unold. it 399

Alexandre Dumas. Der Graf von Monte Christo
Bearbeitung einer alten Übersetzung von Meinhard Hasenbein. Mit Illustrationen von Pavel Brom und Dagmar Bromova. Zwei Bände. it 266

Joseph Freiherr von Eichendorff. Aus dem Leben eines Taugenichts
Mit Illustrationen von Adolf Schrödter und einem Nachwort von Ansgar Hillach. it 202

Eisherz und Edeljaspis
Aus dem Chinesischen von Franz Kuhn. Mit Holzschnitten einer alten chinesischen Ausgabe. Mit einem Nachwort und Anmerkungen von Franz Kuhn. it 123

Paul Ernst. Der Mann mit dem tötenden Blick und andere frühe Erzählungen.
Herausgegeben von Wolfgang Promies. it 434

Romane, Erzählungen, Prosa

Gustave Flaubert. Bouvard und Pécuchet
Mit einem Vorwort von Victor Brombert und einem Nachwort von Uwe Japp. Mit Illustrationen von András Karakas. it 373
– Die Versuchung des heiligen Antonius
Aus dem Französischen übersetzt von Barbara und Robert Picht. Mit einem Nachwort von Michel Foucault. it 432
– Lehrjahre des Gefühls
Geschichte eines Jungen Mannes, übertragen von Paul Wiegler. Mit einem Essay »zum Verständnis des Werkes« und einer Bibliographie von Erich Köhler. it 276
– Madame Bovary
Revidierte Übersetzung aus dem Französischen von Arthur Schurig it 167
– Salammbô
Herausgegeben und mit einem Nachwort versehen von Monika Bosse und André Stoll. Mit Abbildungen. it 342
– Ein schlichtes Herz. it 110

Theodor Fontane. Effi Briest
Mit Lithographien von Max Liebermann. it 138
– Der Stechlin
Mit einem Nachwort von Walter Müller-Seidel. it 152
– Unwiederbringlich
Roman. it 286

Friedrich Gerstäcker. Die Flußpiraten des Mississippi
Roman. Mit einem Nachwort von Harald Eggebrecht. it 435

Johann Wolfgang Goethe. Wilhelm Meisters Lehrjahre
Herausgegeben von Erich Schmidt. Mit sechs Kupferstichen von F. L. Catel. Sieben Musikbeispiele und Anmerkungen. it 475
– Novellen
Herausgegeben und mit einem Nachwort versehen von Katharina Mommsen. Mit Federzeichnungen von Max Liebermann. it 425
– Reineke Fuchs
Mit Stahlstichen von Wilhelm von Kaulbach. it 125
– Die Wahlverwandtschaften
Mit einem Essay von Walter Benjamin. it 1
– Die Leiden des jungen Werther
Mit einem Essay von Georg Lukács »Die Leiden des jungen Werther«. Nachwort von Jörn Göres »Zweihundert Jahre Werther«. Mit Illustrationen von David Chodowiecki und anderen. it 25

Romane, Erzählungen, Prosa

Gogol. Der Mantel und andere Erzählungen
Aus dem Russischen übersetzt von Ruth Fritze-Hanschmann. Mit einem Nachwort von Eugen und Frank Häusler. Mit Illustrationen von András Karakas. it 241

Iwan Gontscharow. Oblomow it 472

Grimmelshausen. Trutz-Simplex oder Ausführliche und wunderseltzame Lebensbeschreibung der Erzbetrügerin und Landstörtzerin Courasche
Mit einem Nachwort von Wolfgang Koeppen. Mit Abbildungen aus dem 17. Jahrhundert. it 211

Nathaniel Hawthorne. Der scharlachrote Buchstabe
Mit Illustrationen von Renate Sendler-Peters. it 436

Johann Peter Hebel. Kalendergeschichten
Ausgewählt und mit einem Nachwort von Ernst Bloch
Mit neunzehn Holzschnitten von Ludwig Richter. it 17

Heinrich Heine. Aus den Memoiren des Herren von Schnabelewopski
Mit Illustrationen von Julius Pascin. it 189

– Shakespeares Mädchen und Frauen
Mit Illustrationen der Ausgabe von 1838. Herausgegeben von Volkmar Hansen. it 331

Hermann Hesse. Hermann Lauscher
Mit frühen, teils unveröffentlichten Zeichnungen und einem Nachwort von Gunter Böhmer. it 206
–/Walter Schmögner. Die Stadt
Ein Märchen von Hermann Hesse, ins Bild gebracht von Walter Schmögner. it 236
– Knulp
Mit dem unveröffentlichten Fragment »Knulps Ende« und Steinzeichnungen von Karl Walser. it 394

Hölderlin. Hyperion oder Der Eremit in Griechenland
Herausgegeben und mit einem Nachwort versehen von Jochen Schmidt. it 365